ふくらむ読書

岡崎武志
Takeshi Okazaki

春陽堂書店

目次

装幀◉クラフト・エヴィング商會［吉田浩美・吉田篤弘］

ふくらむ読書

前口上

二〇二三年五月まで春陽堂書店のウェブページで一〇四回を数えた連載『オカタケな日々』が終了し、引き続き新しい企画として始まったのが『ふくらむ読書』だ。旧連載が読書、映画、テレビ、食、散歩、生活雑感など多岐にわたる話題を取り上げてきたのに対し、新連載は本と読書に特化した。ライターとしてのわが営業品目で言えば、メインに戻ったような恰好か。

『ふくらむ読書』といっても、何も大げさな話ではない。読書は目の前にある単体としての一冊の本と向き合う行為なのは確かだが、たいていその一冊にとどまらず、本の内容に刺激され、連想がはばたき、別のインスピレーションが働いて別の本に手が伸びる。簡単な話、たとえば私がよくやるのは、本に出てくる地名や駅名には敏感に反応し、地図帳や鉄道路線地図でその位置を確かめる。知らなかった土地なら、少し調べて印象を確かなものにする。そのことをメモに取ったりもする。

あるいは知らなかった人名についても同じように反応する。そうすると、一冊の本に書かれた世界から、より広く、外へ飛び出して新たな知見を作る。それを「ふくらむ」と名付けてみたのである。私は職業的物書きであるから、ふだんから原稿を書くために、そのような習慣ができていているという優位はあるが、一般の読者でも多かれ少なかれ同様のことをしている人は多いはず。

ただ私にしても、それほど大騒ぎはしない。論文を書くため、調査や研究に没頭するのは学者にまかせておけばいい。通りすがりの一読者として、気づいた取っ掛かりを少しだけ押し広げてみる。つまり挨拶ぐらいはさせてもらう。それでも無視するよりは、対象について少しは愛情が沸くはずだ。また、そのことを面白がる気質を持ち続けたいと思う。

一枚の板ガムも、噛めば味が出て、柔らかくして息を吹き込めば大きくふくらむ。ここでは、そのふくらんだ所をお見せできればと思っている。もし、ふくらみが足りないと思ったら、みなさんが引き継いでふくらませてください。

『第十　折々のうた』から桜井吏登、そして俳諧師の収入について

「朝日新聞」朝刊一面紙上に、中断をはさみつつ長期連載となった、大岡信による詩歌のコラム「折々のうた」については、これまで何度も書いてきて、飽きもせずまた書く。シリーズが一九冊、岩波新書となり、他社（朝日新聞出版）などからも別バージョンが出ている。私がそろえているのは岩波新書版で、アトランダムに引っ張り出しては読んでいる。一作品の引用と解説が各一ページで構成されていて、大変読みやすい。どこから読んでもいいし、いつ止めてもいい。飴玉を口に放り込むような手軽さだ。二〇～三〇分内の電車内の読書にぴったり。薄くて軽いし。

今回、とくに取り上げる『第十　折々のうた』も偶然手に取ったので恣意的なものではない。パラパラめくって、気に入った作品があれば、行の頭に小さな○印を打つのもいつもの通り。すでに何度か目を通していても、必ず新しい発見があるのもこのコラム集のいいところ。四季別に章分けされた「春のうた」にこんな句と俳人を発見した。

「しら魚やあさまに明くる舟の中　桜井吏登」

「吏登」は「りとう」と読む。白魚漁に出た舟の中で明け方を迎えたという情景句。「夜が浅々と明けそめたのを『朝間に明くる』と言ったのだが、この語感の微妙な風味が一句の眼目だろう」というのが大岡の鑑賞。私は作者について知らなかったが、末尾に一行「吏登は江戸深川のわずか二畳の部屋に住んだ清貧風狂の俳人だった」と説明されているのが目を引いた。一九六〇年代末から七〇年代にかけて次々と登場したフォーク歌手の歌は「四畳半フォーク」と呼ばれ、鴨長明『方丈記』の庵もまた「四畳半」ぐらいと言われるから二畳はその半分。ユニットバスの浴室ぐらいの面積か。

　江東区深川はつい先日、小津安二郎ゆかりの地として散歩したばかり。小津の生地の少し北側に芭蕉の住んだ「採茶庵」があり、弟子の其角も通った。富岡八幡宮の参道は江戸期の色町（辰巳芸者）だった。これは維新期の話だが、隅田川岸の佐賀町は、谷崎潤一郎『刺青』の彫師・清吉の住居があったという設定である。文芸と粋筋の町に桜井吏登の姿があった。

　どういう人だったのだろうと興味が沸いた。目星をつけて図書館で二冊を借り出してきた。竹内玄玄一《げんげんいち》著・雲英《きら》末雄《すえお》校注『俳家奇人談・続俳家奇人談』（岩波文庫）と、『新編　日本古典文学全集　近世俳句俳文集』（小学館）。ここに吏登が登場する。二著の紹介を混ぜて、私レベルまで引き下げるとこんな人だった。

　一六八一～一七五五年というから江戸中期の人。俳諧の師は服部嵐雪《らんせつ》で、師の死後に嵐雪を名乗ったこともあるが吏登に戻した。号はそのほかいくつか持つ。晩年は「江戸深川のわずか二畳の部屋に退隠し、名利を好まず、生涯の詠草・選集を焼却したりした」（『新編　日本古典文学全集』）。そして「二畳の部屋」については『俳家奇人談・続俳家奇人談』にくわしい。原文をくだいて引けば、畳二枚の部屋には書と机を置いたら、もう膝を入れるスペースもない。客があって、次にまた客があった場合など二人目は入れず、先客が退出するのを待って、ようやく入れた。二畳ならたしかにそうだ。「いかにも貧にいかにも清し」と竹内玄玄一はいう。貧しいには違いないが、わが身に自足し、そこにユーモアさえ感じられるのが私の好み。もう少しくわしく知りたいが、借りてきた二著ではここまで。いつかまた吏登の記述に出合える日が来るだろうか。

　それにしても一部の大家（宗匠）を除けば、江戸期の俳諧師はおおむね貧したようである。『俳家奇人談・続俳家奇人談』にも、たとえば元禄期の「舎羅」は「浪速に住して、貧と雅には名を得たる者」だった。「崩れ傾きたる茅が軒端《のきば》、筵《むしろ》をかけて雨露《うろ》を凌ぎ、菰《こも》を敷きて褥《しとね》とす」というからかなりのものだ。それでも女と一緒に住んでいた。

　そもそも、彼らはいかにして糊口をしのいでいたのだろう。俳諧師の経済、ということで私の頭に浮かんだのは小林一茶であった。うろ覚えであるが、以前NHKでドラマ『おらが春〜小林一茶〜』を西田敏行主演で見た時、一茶がずいぶん金に困った姿を描いていた。それが印象に残っていた。そこで本棚から引っ張り出してきたのが栗山理一『小林一茶』（筑摩書房）。「日本詩人選」の一冊で、丸谷才一『後鳥羽院』や大岡信『紀貫之』など、私の古典詩人への興味はここから始まった。

栗山が一茶の生きた時代における俳諧師がいかなるものだったかを教えてくれている。芭蕉没後の俳壇は俗化し、浪人者や農村の離農者が都市へ流入し、「その中に俳諧の点者となって身すぎをする者も少ない数ではなかった」という。「点者」とは、素人の句を採点、添削するプロの指導者のことだろう。現代の俳句とは違う、連歌における「前句付」が主流だった。その中に信州の農民出身で江戸へ出てきた一茶もいたのである。

「椋鳥《むくどり》(田舎者)」を自嘲する一茶に温かく接し、経済的援助をしたのが、たとえば夏目成美《せいび》。『第十　折々のうた』にも「銭臭《ぜにくさ》き人にあふ夜はおぼろなり」の一句が採られ、一茶への援助について触れられている。『おらが春～小林一茶～』では杉浦直樹が扮していた。彼は代々浅草蔵前で札差業を営む富裕者だった。「一茶より十四歳の年長で、貧乏俳人一茶を快く遇し」たようだ。つまりパトロンだ。別のところで栗山は一茶を「富家に寄食するルンペン俳人」とまで評している。

しかしもとより、一茶が富家に遇されたのも彼には独自の句境と才能があったからだろう。どの時代、どの道でも「表現」という霞のようなもので食べていけるのはひと握りで、苦労は絶えない。私などもいまだその渦中にある。「痩蛙まけるな一茶是にあり」とときにつぶやきたくなる。それでも二畳の部屋に住み、「しら魚やあさまに明くる舟の中」と「いかにも浅春の味わいのある句」（大岡信）を作れる桜井吏登をうらやましくも思うのだ。吏登の別の句。

「おく霜やなんになれとの古茄子《なすび》」。

「古茄子」とは自分のことだろう。自嘲であるとともに、そういう生涯を自分で選んだ者の自負も感じられる。

『折々のうた』が画期だったのは、「詩」の概念を大きく広げ、古今の和歌や俳句にとどまらず、川柳、漢詩、歌謡、現代詩等々までを扱ったことにある。私などはこれでずいぶん色々なことを知った。とりわけて有益だったのは、江戸期の俳諧の豊潤に気づかされた点だろう。山本健吉の名著『現代俳句』をテキストに現代俳句については少し触れていたが、江戸のそれは無知だったのである。

『第十』で言うなら、まず野沢凡兆の「木のまたのあでやかなりし柳哉」がある。「芽ぶきそめた柳の生気、なまめかしさをずばり言いとめている」とは大岡の鑑賞。言い添えれば、ひと筆でさっと絵の具を引いたような爽快感がある。江戸の「粋」をそこに感じるのだ。ところが蕉門の逸材だった凡兆は「何の罪状によってか不詳だが下獄、釈放されてから後は、急速に俳壇から姿を消した」と聞けば、何があったのかと心配になる。大岡は限られた字数で、作者についてもその光と影を書き留める。詳しくは書かれていないので、いっそう想像がふくらむ。

ページをめくり、続くのが「一雫こぼして延びる木の芽かな」。当然ながら前の「木のまたの」と照応させている。連句の呼吸だろう。作者は有井諸九。私は知らない俳人。「有名な加賀の千代女とほぼ同時代に生きた筑後（福岡）出身の俳人」だという。つまり江戸中期の人だ。春雨の柔らかさを、それを受けて延びる木の芽で表現したと聞くと、女性ならではという気がする。大岡は触れていないが、諸九は下に「尼」をつけられ表記されることが多く、あることをきっかけに剃髪して尼となるのだが、ドラマチックな人生に驚く。大岡が触れていないので私も書かない。検索すれば簡単に出てきますので、気になった方は調べてみてください。

以上「春のうた」だが、「秋のうた」にも未知の気になる江戸俳人が登場する。榎本星布だ。「木枕にしら髪なづむ夜寒かな」が引用句。彼女は白雄の弟子で、還暦の年に髪を下ろした。大岡によれば「江戸時代の有名な女性俳人には尼になった人が多い」として、田捨女、加賀千代女、榎本星布、田上菊舎の名を挙げる。有井諸九もその一人。なぜ江戸時代の女性俳人に尼になった人が多いかの理由を「出家によって社会的・文学的な行動の自由が拡がる場合もかなりあったようだ」と推測している。

もう少し江戸期の俳句を「春のうた」から拾う。

「暁も埋めたまゝや朧月」（白井鳥酔）

「草霞み水に声なき日ぐれ哉」（与謝蕪村）

「銭臭き人にあふ夜はおぼろなり」（夏目成美）
「春雨や土の笑ひも野に余り」（加賀千代女）

もうこのへんでいいか。この程度の読み方で、江戸の俳句うんぬんと語るのは図々しいかもしれないが、「春のうた」から引いたせいか、全体に絵画的でおおらかな句が多い。滑稽味も感じられる。

現代の俳句は、これらに比べ、ものを見る目が厳しく、孤独な作が先行する気がする。好きな句ではあるが「海に出て木枯帰るところなし」（山口誓子）などはその一例。純文学的とでもいうか。もちろん江戸の俳諧が、連歌（集団で合わせて作る）から発生し、現代では一人ひとりが自分と向き合って創作する違いはある。比較してどうこうとは言えないかもしれない。ただ、老いを迎えて対する時、江戸の発句の風情が妙に合うと気づかされたのが『折々のうた』シリーズであった。

山本周五郎『青べか物語』を歩く

新潮社が主催する文化講座「新潮講座」の講師を始めたのが、記録（参加者の一人が作ってくれた）によれば二〇一六年一〇月から。月に一度、神楽坂駅近くにある教室で「本の学校」と名付けた講義を行っていた。六回中二回を「ライブ・ウォーキング」として教室を飛び出し、生徒さんたちを連れ文学散歩をした。

二〇一七年四月から三回分は「読書会」にスタイルを転じて、九月からは本格的に文学散歩をするようになり二〇二〇年九月まで一二回を数えた。「新潮講座」そのものが終了し、一旦身を引いたわけだが、常連の生徒さんたちから「ぜひ個人的にでも文学散歩を続けてほしい」との声があり、以後も年に三～四度、無理のないかたちで今にいたって継続中である。

「新潮講座」担当の新潮社Mさんが、「引き続いて私が幹事をやりますよ」と申し出てくれ、私の負担なく続けられるのがありがたい。「新潮講座」時代は会員すべてに募集がかけられたが、今は常連だった人たちだけ。資料作成費とガイド料として参加者から二〇〇〇円ずついただき、最低五名の参加者があればゴーサインが出る。これまで各回に七名から一〇名ぐらいが参加してくださっていて、中止はない。

直近の一回が「山本周五郎『青べか物語』を歩く」だ。四月二二日に千葉県浦安を歩いてきた。二日前には、これも習わしとなった担当のMさんと事前の現地下見も果たしていた。けっこう手間をかけているのですぞ。そこでの体験と、調査した情報をもとにこの作品を紹介したい。

時代小説、それも短編中心の周五郎にとっては『青べか物語』は数少ない長編の現代小説（初期のミステリ、児童ものを除く）。「長編」と書いたが、三〇余の短編の集合体である。一九六〇年に「文藝春秋」に連載され、翌年同社より単行本になった（のち新潮文庫）。小説の中では「浦粕」と呼ばれる漁師町の浦安に周五郎は一九二八年から翌年にかけて、一年余りを暮らした。スケッチをするため、この町を訪れて気に入りそのまま住みついたのだ。このとき周五郎は二〇代半ばの若者であった。

旧江戸川（小説では「根戸川」）下流あたりの船宿に住み、町民からは「蒸気河岸の先生」と呼ばれ親しまれる……のは、あくまで『青べか物語』の主人公で、これは多分にフィクションに彩られた小説であることを認識すべきである。なにしろここを舞台とする小説を書いたのは、浦安を離れて三〇年以上経ってのことだった。

さあ、そこで「浦安」である。東京から川を越えて最初の千葉県となる「浦安」も、長らく鉄道が敷かれず陸の孤島であった。東西線「浦安」駅が開通するのは一九六六年。一九八八年に京葉線「舞浜」駅ができるまで、一九八三年に開業した「東京ディズニーランド」の最寄り駅は「浦安」だった。五年ほどの短い間だったが、浦安駅からディズニーランドまでシャトルバスが入園者を運んでいたという。

『青べか物語』の「はじめに」ではこう書かれている。

「町は孤立していた。北は田畑、東は海、西は根戸川、そして南には『沖の百万坪』と呼ばれる広大な荒地がひろがり、その先もまた海になっていた。交通は乗合バスと蒸気船とあるが、多くは蒸気船を利用し、『通船』と呼ばれる二つの船会社が運航していて、片方の船は船躰を白く塗り、片方は青く塗ってあった。これらの発着するところを『蒸気河岸』と呼び、隣りあっている両桟橋の海にそれぞれ切符売り場があった」

時代は昭和となっても、まだ江戸時代のように船が主要な交通機関だった。一九二六年から周五郎は日本橋にある出版社で編集記者をしていたが、通勤するのも船だった。「定期蒸汽船で出社するのに片道およそ三時間を要し、編集部へ現われるのは、毎日、昼すぎごろになった」（新潮日本文学アルバム『山本周五郎』）というから浮世離れしている。当然ながら社から追い出された。

『青べか物語』に登場する浦粕町の人々は、バイタリティーにあふれた、一種原初的な民である。

「蒸気河岸の先生」と』呼ばれる「私」にボロ舟（「青べか」）を言葉巧みに売りつける狡猾な老人、事情通のませた小学三年生男子、人妻に恋する青年、親に捨てられ浦粕でもっとも汚いと言われる少女等々、世間知にだけ長けて、ただ日々を生き延びる者たち。「私」は一種のカメラアイとなり、浦粕という土地と彼らの生態を叙するのであった。女が男に性的モーションをかける「女性上位」である点も面白い。

浦安は一九七一年に漁業権を放棄、漁師町としての相貌を失っていく。その後、大規模な埋め立て造成が繰り返され、団地が建ち、高速道路が通る。埋め立て開発以前の浦安の面積は、現在の四分の一であり、総人口は一五倍以上にも膨らんだ。周五郎が暮らした時代とはまるで別の街だ。かろうじて面影を残すのは、「町を西から東へ貫流する掘割」と『青べか物語』で表現された旧江戸川から流れこむ境川という運河と、『青べか物語』に「千本」として登場する「吉野屋」という船宿ぐらいか。「吉野屋」には大きく「山本周五郎著『青べか物語』の船宿千本」と看板が架かっていた。

むしろ漁師町の面影を今に伝えるのは「浦安市郷土博物館」であった。我々「オカタケ散歩」の一行は、駅からバスでまずここへ乗り込んだ。浦安の変遷を展示で解説する本館も立派だったが、屋外に設けられた展示場「浦安のまち」が圧巻。「たばこ屋」「船宿」「漁師の家」「天ぷら屋」「三軒長屋」「銭湯」など昭和二七年ごろまで実在した木造家屋や店舗を解体、移築している。

天ぷら屋の「天鉄」は、『青べか物語』で「私」がよく行く店として登場。再現された店内は周五郎と浦安の関係を展示解説するミニ文学館のようになっていた。

小さな掘割も作られ、浮かべた舟には土日祝のみ来館者を乗せてくれるのだ。ここへ来てようやく『青べか物語』の舞台を彷彿させるものに出合った気がした。

「彼女には個性があり、強烈な自意識があった。私がならい覚えた技術をフルに動員しても、彼女は頑として服従しない」と『青べか物語』にあるが、この「彼女」が「青べか」と呼ぶ小さい平底舟だ。なかなか思い通りに言うことを聞かない舟を、なんとか乗りこなそうと奮闘するのが「青べか馴らし」。シェイクスピアの戯曲『じゃじゃ馬馴らし』をなぞらえているのだろう。

周五郎が移り住んだ時代からは一〇〇年近い時が流れている。何かを偲ぶというのがもともと無理な話であった。しかし、護岸工事はされているものの「境川」は今も変わらず流れていた。川沿いの遊歩道を歩いていると、しきりに川面をナイフのように白く光るものが見えた。小魚たちが遊泳していたのである。川はやがて海へ出ていく。小魚たちの群れも海に出ていくのだろうか。

いくつか印象に残った作品にも触れておこう。

「白い人たち」は強烈だ。「百万坪」と呼ばれる、埋め立て前の荒地に貝殻工場があった。缶詰工場から出た貝殻を焼いて白い灰にする。その工場で働く人たちの話だ。この製造過程で粉塵が舞い、あたりが真白となる。十五人の工員がいるが、その様は異様であった。

「かれらの姿を初めて見た者は、おそらく一種のぶきみさにおそわれるだろう。かれらは男も女も裸で、細い下帯のほかにはなにも身につけていない。また、頭はみなまる坊主に剃り、眉毛もないし、腋やその他の躰毛もすべて剃りおとしているといわれる。それは石灰粉が毛根に付くと、毛が固まるからだそうで、胸とか腰部を見なければ、男女の差は殆どわからなかった」

すべて真白の世界。そこに個性を殺された石膏人形のようにうごめく丸裸の男女。これは想像で書けるようなことではない。著者の浦安在住時代の見聞がもとになっているはず。実際に「貝灰製造所」があったことは、浦安市郷土博物館の展示でも確認した。「おおこれが、『白い人たち』の！」と目に留まった。

同館ホームページの記述はこうだ。


本町では古くから、貝灰の生産が盛んである。江戸川沿いの道を通ると、貝殻が山のように高く積んである光景にぶつかる。貝灰とは、土地でとれる、アサリ、ハマグリ、カキ、バカガイなど種々雑多の貝殻を、かまで焼いてからふるいにかけてつくった、真っ白いうどん粉のようなものである。

工場の中は貝灰が煙のようにもうもうとたちこめ、むっとした熱気で働いている者は絶えず汗をかくので、作業中は真っ裸である。貝灰は別名を「漆喰」または「カキ灰」といい、家屋の漆喰や壁などの建築用材料として用いられ、耐熱耐火では一頭地を抜き、東洋的な白壁として、独特の肌合いと色彩は、他の追随を許さぬものがある。このほか農家の肥料として使われる。

捨てるしかないと思われる貝殻に、こんな有効な再利用法があったのだ。「白い人たち」では一人の男にスポットが当たる。年齢不詳。「懲役人」という噂があるのは、顔に大きなアザがあるからだ。一年ほどたった時、彼は一人の女に欲情する。一緒に亭主と働いていたが、五人いる女のうち、一番醜くかった。といっても、全身真白の人間に美醜はない。男が欲情したのは女の強い体臭だった。それを嗅ぐと「彼は全身が燃えるようになり、頭に血が充満して、くらくらとめまいにおそわれることもある」。そしてある時、女に襲いかかるのだ。暗闇ならぬ白闇に視覚を閉ざされ、女の体臭で一線を越えていく男。こんなすごい話は他であまり読んだことがない。チエホフだって書けないだろう。

山本周五郎の本領は武家ものでも庶民を描いたものでも、根本には人間の倫理と信頼が備わっていた。「白い人たち」に倫理や信頼はない。人間の抑えきれない欲望の根本を祖型にして提出する。その情緒を排したスタイルはハードボイルドと呼びたくなる。

ほかにも「蜜柑の木」「繁あね」など、エロチックな作品が目につく。おおらかな艶笑譚と言いたいところだが、セックスを扱って、ことは深刻であり救いのない話がほとんどだ。「砂と柘榴」も怖い話だ。浦粕で雑貨店「みその」を営む一家の長男に嫁が来る。貧相で見栄えもよくない高等小学校卒の五郎のもとへ、東京の女学校出の美人が花嫁に来る。五郎は「幸福」だった。ところが初夜の晩、新妻のゆい子は、自分の布団のまわりに砂で線を引き、肌に触れさせない。亡くなってまもない五郎の母親の喪が明けるまで、という理由であったが、その儀式は喪が明けてなお六十数日続き、ある日、実家へ帰ったまま帰らない。向こうから離縁を申し出てきた。

五郎は煩悶し、住民は嘲笑する。「みそのでは幟もおっ立たない」（不能）というのだ。本当の理由はわからない。ゆい子は家事も不得意で、空いた体で店の手伝いをするわけでもない。そして毎晩、繰り返される砂のバリケード。自分が五郎であったら、と考えるだに恐ろしい。

これは『青べか物語』と対になる短編連作の『季節のない街』でもそうだったが、人情の機微に触れた武家や庶民の諸短編のように、事と次第を親切に説明することがない。ただ、土塊をつかんで、読者の眼の前にぐいと差し出すのみである。涙に濡れた感動的は作品群は、貸本屋などで借り出され、工場労働者や小さな商店主、安サラリーマンの一日の労苦をねぎらった。しかし一方で、「白い人たち」「砂と柘榴」のようなつらい人生、ぞっとするニヒリズムも同時に描いてみせたのである。

どっちが本当の山本周五郎か、を問うのは変で、どちらも山本周五郎だから、両方を味わったほうがいい。

事典に自分で書き足す――大阪オールスターズ編『大阪呑気大事典　第一版』ＪＩＣＣ出版局（一九八八）

大阪土着の執筆陣多勢が、大阪について立てたあらゆる項目をそれぞれ担当し、存分に書き尽くす企画本である。大阪出身者、それに本が出た一九八八年にはまだ大阪にいた私としては「こてこて」に面白い。挿絵もふんだんに収録し、いいアクセントになっています。

帯には「超豪華執筆陣！」と謳っているも、これはあくまで「大阪」を一つの国として考えた基準で、一般的には無名の人もずいぶん混じっている。私だって「え、誰やろ？」と思える書き手が半分以上いる。その代わり、取材を含め面識のある人が金森幸介、高取英《たかとりえい》、田川律、土橋とし子、中川五郎、中島らも、三浦純（みうらじゅん）、村上知彦、森英二郎という具合だ。関西で出ていた情報誌『プレイガイドジャーナル』臭がぷんぷんする。

どんな項目が拾われているか。「か」の章から挙げると「買い食い」「会長」「回転焼き」「顔見世」「掛布雅之」「笠置シズ子」「貸本屋」「かしまし娘」とローカル色の押しが徹底している。たとえば「買い食い」。「祖母がいなかの人だったのでかいぐいはゆるされなかったが」と、執筆者である二階堂茂は書くが、あくまで私的体験に終始している。それを「よし」とする空気の緩さが本書の魅力でもあるのだ。

「住吉さん（すみよっさん）」は「大晦日には、紅白歌合戦でサザンオールスターズを見て、親子五人で自転車でダダッと住吉大社へ駆けつける。参道は、もうごったがえしの人の群れ。下の子を肩車して押し合いへし合いしていると、警官がスピーカーで『そこのお父さん！坊やを下ろしなさい』とがなりたてる」（後略）と極私的だ。仮にも「大事典」と名乗る以上、本来なら神功皇后がこの地に大神を鎮座し、以来一八〇〇年の歴史を……と説明するところ。そこをあっさりスルーしてしまう。阪急シネラマ（阪急プラザ劇場）近くにかつてあったらしい「宇宙亭」というレストランにしても「アイビールックで身をかため、前田くんと中西くんと僕はいつもここでメシを食ってから阪急東通りを流すのだ」（日下潤一）で済ませてしまう。「前田くん、中西くんって、誰やねん？」と思わず突っ込みが入るところ。

「大阪球場」は、かつてミナミの繁華街の中心地（ど真ん中）にあった球場で、シンボリックな存在だったが、この事典ではたった四行（一行一八字）で済ませられている。執筆は峯正澄《みねまさずみ》。『プガジャ』で、なじみの名前だ。どんなふうに料理されているか。

「南海ホークスのフランチャイズ。繁華街ミナミにある。ホークスの牧歌的ゲームを観終えて球場を出ると、いきなり都会の喧騒に出会う。何か変だ」

いやいや、これで終わりかい！　我々の世代なら水島新司の野球漫画『あぶさん』でおなじみの球場で、一歩外へ出ると「蓬莱」の豚まんの店、場外馬券場などがあり混とんとしていた。あるいは球場内に古本街があったことなどぜひ付け加えたいところだ。しかし繰り返しになるが、客観性より私的体験を優先させている点こそが眼目でもある。つべこべ言うべきではない。つべこべ言いたかったら、私がしたように自分で書き足せばいいのだ。

おおむね「合格」の本ではあるが、不満なのが地域的な偏りがあること。「大阪」と看板を出しながら、ほとんどは市内の話題が中心で、町ネタなどが市外（大阪府）まで及ぶことが少ない。鉄道路線で言えば、私が通学や生活圏として酷使した京阪本線はスルーされてしまっている。不満というしかない。京橋、千林、守口、寝屋川、香里園、枚方などの地名を抜きにして大阪を語ってしまうことは看過できない。「責任者出てこい」と言いたい。「ほんまに出てきたらどうするねん？」「謝ったらしまいや」と……これはわかる人にはわかるでしょう。

そこで、だ。先ほどの「大阪球場」ではないが、不満なら自分で書き足せばいいではないか、という結論に行きついた。以下、『大阪呑気事典』岡崎武志増補版である。

「いらち」

大阪人の気性を表わす言葉で、標準語で「せっかち」に当たるだろうか。「待たされる」ことを死ぬほど嫌う。梅田駅から阪急百貨店を抜けて大阪駅へ行く際、御堂筋の交差点の信号を待つことになるが、これが待てない。フライングでまだ赤の信号を渡る人続出。ついに『あと○秒』を示す電光表示を日本で初めて設置したのは有名な話。それでも、残りが一つくらいになると渡り出す人がいる。「そんなことしたら死んでしまうで」「待つぐらいやったら死んだ方がましや」と会話があったとかなかったとか。

「たいがいにせぇよ」

「ええかげんにせぇよ」の派生形か。会話や行動で行き過ぎがあると、止めに入る時に使用する。「おまえの姉ちゃん、高校中退したやろ」「ああ、そうや」「えらい派手な格好で十三《じゅうそう》歩いてるの見たで」「いや、ほんま恥ずかしいわ」「タバコ吸ってたで」「まあ吸ってるかもしれん」「男連れてた」「好きやからな、男が」「一緒にラブホテルへ入った」「……（無言）」「あれ、金取ってるんとちがうか」とまで言うと、この言葉が返ってくる。

「へぇ（屁）かます」

そのままだったら、放屁するという意味だが、大阪では「ごまかす」の意で使われる。あるラジオ番組の公開放送で、アナウンサーが会場に来た人にインタビューをしていた。大阪のラジオやテレビは、一般人の面白さに頼って作られている。そこで、小学校低学年の男の子にお小遣いを聞いたところ、あまりの低額に驚き「それでは足りんやろう」と言ったところ、「だいじょうぶや、おつかいの釣銭、へぇかましたんねん」と答えが返ってきた。アナウンサーが少し動揺し、「君な、これいちおうラジオやから、そういう言葉遣いは」とあわてていたのが可笑しかった。

「京橋」

東京と大阪に「日本橋」がある、とはけっこう知られている。東京では「にほんばし」だが、大阪では「にっぽんばし」。発音まで押しが強いのが大阪。「天下茶屋」は「てんかじゃや」と普通は読むところだろうが、大阪では「てんがちゃや」。同様に、「京橋」も東西ともにある。読みは同じ「きょうばし」だが、大阪の方は「きょう」にアクセントがある。京阪小僧だった私にとって、高校時代の土曜の午後、友だちと遊びに行くなじみの繁華街が「京橋」だった。「きょうばし」と口に出せば「〜はええとこだっせ　グランシャトーがおまっせ」と深夜にしつこく流れたCMソングが頭の中で鳴る。一九七一年オープンの総合レジャービルで、サウナ、パチンコほか、ナイトクラブもあった。男性の欲望をすべて満たす竜宮城で、高校生だった私には縁がない。「王将」（まだ「京都」「大阪」の区分なしの時代）でギョーザを食べ、喫茶店で駄弁《だべ》る、あるいは「ダイエー」でお買い物というのがコースであった。二〇歳を越えて、京橋では串カツ屋でよく飲んだし、青春のかけらがいっぱい落ちている街だ。

「枚方」

「ひらかた」と読む。私が生まれ、あちこち転居しながら二〇歳までを送った街だ。「ひらかたパーク」は全国区らしく、上京してから「出身は大阪の枚方」と言うと、「ああ、まいかたって書くんですよね。ひらパーのある……」とかなりの確率で返ってくる。そんなに有名とは知らなんだ。ただし、我々の頃は「ひらパー」などと略さず、ちゃんと「ひらかたパーク」と正式名称で呼んでいた。「ひらパー」というぞんざいな短縮形には今でも抵抗がある。第一、なんか、アホみたいやん。

「萱島」

京阪本線にあった駅。高校のあった守口市駅から四つ目。私が降りる枚方市駅はまだその先ながら、よく途中下車したのは、高校三年間をべったり一緒に送った友人Iが住んでいたからだ。地味な町で、大阪のテレビ番組でも話題に乗ることはない。私の時代は地上駅だったが、高架化により駅は改築。これにより移転した神社の御神木を伐る予定だったが、地元の反対にあって断念。現在もホームをくりぬいてそのままに生かされた大木が葉を茂らせている。木を伐る作業中、人が死んだとか怪我をしたなど都市伝説あり。

「カークランド」

阪神タイガース球団史上、というよりNPB史上最強の助っ人外国人はランディ・バースだろう。二度の三冠王、一九八五年優勝の立役者だ。一九八五年優勝の年、大阪の居酒屋で知人数名して飲んでいた時、客の中に白人のアメリカ人を見つけた誰かが、「あ、バースや。バースがおる！」と叫んで、店内が異常に盛り上がった。似ても似つかぬ痩せた白人だったが、たちまち「バース」コールが店内をこだまし、そのアメリカ人、仕方なく立ち上がり、割り箸を持ってスイングをした。わあわあと歓声が頂点に達し、悪夢のような光景であった。それはそれとして、私も阪神の助っ人でまず指折るのはバースだが、忘れがたいのがウィリー・カークランドだ。私が父親の影響で阪神ファンになったのは小学生の頃。ラジオやテレビで熱心に応援しているなか、ひときわ目立つ助っ人がカークランド。阪神の在籍は一九六八年から七三年。六年もいたのか。三振かホームランという極端でむらのある選手だったが、バッターボックスで爪楊枝を加えて立つ姿は話題になったのである。ちょうど同時期にテレビドラマで人気の「木枯し紋次郎」になぞらえて「モンジロー」と呼ばれた。あの真似をして、爪楊枝を見るとくわえて「カークランドや」と叫んだ小学生は数万人いたと思われる。ご清聴ありがとうございました。

一九七六・文学的考察――『文藝』一九七六年一〇月号

たいそうなタイトルをつけたが中身はそれほど大げさなものではない。ご安心ください。

近頃は古本屋や古書即売会、古本市へ出かけても、なるべく雑誌類は買わないようにしている。すでに書庫のあちこちに雑誌があふれかえり、床や階段にも積まれ、しかも資料としてほとんど役立っていない。ちゃんと管理してあれば別だろうけど、私の場合は買いっぱなしだ。だから、たまに触手が動いても止めておこうというケースが増えてきた。

それでも気まぐれに、喫茶店でパラパラ読んでそれで処分してしまってもいいや……程度の気分で買ってしまうこともある。じつに優柔不断なのだ。これは高円寺の西部古書会館での即売会で買ったもの。この日は収穫が少なく、そんな時は「まあ、こんなものでも」と禁じ手を出してしまった。河出書房新社の文芸誌『文藝』は、かつては月刊、現在は季刊で刊行が続く。時折、思い切ったユニークな特集を組んで、文芸誌としては異例の増刷がかかるなど、なかなかの存在である。

私が買った号は「現代詩特集」号で、毎年のように恒例で特集を組んでいた（中央公論社時代の『海』も同様）。八〇年代くらいまで、現代詩という表現ジャンルが元気であった。この号に作品を発表しているのは以下の人たち。田村隆一、吉岡実、北村太郎、吉原幸子、吉本隆明、石原慎太郎、吉増剛造《よしますごうぞう》、清水哲男、阿部岩夫、清水昶《あきら》、井上輝夫、鈴木志郎康《しろうやす》、飯島耕一、澁澤孝輔、入沢康夫、野間宏、大岡信と豪華な顔ぶれ。「ザ・現代詩」と呼びたくなる。四七年経った今、このうち存命なのは吉増剛造くらいか。異色は石原慎太郎。「回遊魚幻想」という作品を寄せている。失礼な言い方をすれば、ちゃんと詩になっています。

「さしわたし二マイルしかない海峡は、／わずか百年前に陥没して出来たという。／しかし、向い合う二つの島が、かつて、／どんな形でつながりこの海を塞いでいたか、／誰も知らない。（後略）」

そのほか、表紙に刷られている中上健次「枯木灘」（長篇期短期連載）と中野重治「沓掛筆記」が本号からの新連載。連載中が和田芳恵「暗い流れ」、小田実「円いひっぴい」、秋山駿「知れざる炎　評伝中原中也」、埴谷雄高「影絵の時代」である。これまた、ハッと息を呑むようなラインナップではないか。新潟へ出かけ、萬代橋を渡るとき、日本海に流れ込む信濃川の川幅の広さと水量にしばし見とれるが、ちょうどあんな感じ。約半世紀前、文学の大河が流れていたんだなあ。

ほか、小川国夫・三木卓・森敦による「読書鼎談」、入沢康夫・北村太郎・野間宏による「現代詩季評」、金子昌夫による「同人雑誌評」あり。あとで触れるが「読書鼎談」で村上龍『限りなく透明に近いブルー』、「現代詩季評」で荒川洋治『水駅《すいえき》』、「同人雑誌評」で佐藤泰志「深い夜から」が論じられている。ちょっと読みたくなるでしょう?

　そして表二と表三、観音開きによる目次裏に出版広告。資料的記録として書き写せば、現代思潮社、せりか書房、現代評論社、麦《むぎ》書房、勁草《けいそう》書店、創樹社、晶文社、小沢書店、筑摩書房、出帆社、国文社、白馬書房。この時代に文学的青春を送った人たちなら何かを感じるはず。これらの大半は失われた出版社名にはそうした力があるのだ、と再確認。冒頭に掲げたタイトルの「一九七六・文学的考察」とはそういう意味であり、なおこれは、加藤周一・中村真一郎・福永武彦の『一九四六・文學的考察』を踏まえている。のち日本の知識人の中枢となる三名(「マチネ・ポエティック」という日本語による押韻詩運動をしたメンバー)が、敗戦後の日本に掲げた、やや調子の高い文学的宣言であった。

　思えば約一〇年後の一九五〇年代半ば、石原慎太郎『太陽の季節』を筆頭に、大江健三郎、開高健が文壇へデビューしていく。またその約一〇年後の一九六四年に柴田翔『されどわれらが日々――』が芥川賞を受賞。そして一九七六年の『文藝』が目の前にある。いささか乱暴な要約だが、おおよそ一〇年を単位に文学が更新されている印象をここで持つのだ。次の一〇年は、吉本ばななと俵万智の登場（単行本の出版）、村上春樹『ノルウェイの森』が一九八七年とちょっとずれてしまう。許容してもらえますか。

先に挙げた「読書鼎談」、「現代詩季評」、「同人雑誌評」で触れられた村上龍、荒川洋治、佐藤泰志など新しい才能たちが、旧世代の人たちにどう映ったかを見ておこう。まずは『限りなく透明に近いブルー』。私も掲載誌の『群像』を買った覚えがある。黒人兵やＬＳＤが出てくるなど過激な内容が話題になり、生なセックス描写が延々と続いたりした。言語によるポップアートという印象だ。「読書鼎談」の三名のうち、もっとも評価しているのが三木卓。「一口に言いますと、たいへんいい作品だというふうに思いました。いわば青春の生というもの、とにかくこれだけの形で、実質的な形でとらえ得た作者の目の敏感さと広さ」という点を買っている。小川国夫は後半がよくないと言う。「だんだん甘くなってくる」として、とくに「あとがき」を批判する。「あとがき」は著者が主人公「リュウ」になって、作中人物に呼びかける手紙のような体裁になっていて、小説が実体験であるかのような錯覚を読者に与えている（著者の体験が下敷きになっていることは疑いない）。

森敦は物語が二つある構造を「うまくない」とし、セックス描写に関して「もよおさないんです、こっちが。つまりジカジカと肉感が出てこない」と変な難癖をつけている。森に関しては、むしろ次のエピソードが印象に残る。森がこの作品を読みつつ、日本を旅行していたら、「青年が集まってきまして、この作品のことを聞くわけです。彼らは読んでるわけです」ということがあった。今じゃ、青年が話題の小説をみな読んでいて、それがまた話題になることなどちょっと考えにくい。文学がもっと若者に直接的で熱量をもっていた時代だった。私もその渦中にいる若者の一人だった。「ブンガク」と口にするだけで引き締まる気がしていた。

荒川洋治詩集『水駅』を論じるのが「現代詩季評」。私などは、この詩人の出現であたりの風景が一変するような衝撃と新しさを感じたものだ。荒川には『あたらしいぞわたしは』という詩集もある。『水駅』について入沢康夫は「作品が美しくあることに臆さない詩ではないか、あえて美しさを選びとっているような感じの詩」だという。北村太郎は「水の色とか、水という言葉が好きですね、この人は。うす緑とか、青とか、とうとう青野季吉と真山青果になっちゃって、とにかくぜいたくな人ですね」と発言。それを受けた入沢が、「〝限りなく透明に〟になっちゃうんじゃないですか（笑）」とまぜっかえす。『限りなく透明に近いブルー』が詩評にまで越境し、いかにヒートしていたかがわかるのだ。

旧世代からの異議としては入沢が「この人たちは浪花節がないんですよ」と批判し、北村もこれに同調、野間の「つまりまだ、日本において詩人として生きるということは、いかに難しいかということを知らないでしょうね」と物言う。私などはここに驚いた。詩を書くことに「浪花節」や「いかに生きるか」などという人生訓が必要だと思えなかったからだ。「世の中のことを知らない」「まだまだ苦労が足りない」とは旧世代が新世代を批判する決まり文句であるが、そういった濁りや重力に反発したのが村上龍の「透明」や荒川洋治の「水」ではなかったか。しかし、そうした引っかかりを含め、大御所詩人三名の鑑賞は楽しかった。それもまた一九七六年的なできごとである。

そして佐藤泰志。『ここが私の東京』（ちくま文庫）を始め、佐藤については繰り返し書いてきたので、ここではもう繰り返さない。佐藤は一九四九年生まれで村上春樹と同年、芥川賞を受賞できず、大手文芸誌へのデビューが遅いことも共通している。金子昌夫「同人雑誌評」で取り上げられた「深い夜から」は「北方文芸」に発表。佐藤は一九七七年に「移動動物園」が新潮新人賞候補作として「新潮」に掲載されたから、脚光を浴びる前夜だった。

担当の金子は三〇行近くを費やし、丁寧に佐藤の作を紹介している。『文学界』と並び、『文藝』の同人誌評は、作家未満のプロ志望の書き手にとって晴れ舞台であった。佐藤はおそらく金子の評を何度も繰り返し読んだはずだ。その金子が言う。

「この作者の資質は、日常のさりげない情景を、そのまま気負うことなく表現していながら、そこに鮮明なイメージが浮き上がってくるところにある」

代表作『海炭市叙景』を始め、その後の佐藤作品を考えると、この金子の目がいかに鋭く正確だったかが証明されている。大したものだなあ、と感心するのである。そして、今は亡き佐藤に代わって、よく言ってくださったとお礼を言いたくなるのだ。

最後にふたたび広告の話。『文藝』表四は、ほかの硬めな文芸出版社の広告としては似つかわしくない「ナショナル」による新製品の告知になっている。モノは「スポーツマン八〇八」という、戸外で視聴できる乾電池による携帯テレビだ。「燃える魂。飛び散る汗。スポーツは主張だ。」と惹句があるから、アウトドアでスポーツ観戦をしよう、というコンセプトか。しかし一五キロ強と重量がある。私は見たことがない。価格は三万六八〇〇円。大卒公務員の初任給が八万六〇〇〇円だったから、値段としても「荷が重い」。「ヤフオク」出品を検索すると、けっこうな数が市場に出回っている。安い落札価が二〇〇〇円。高いのは一万円強か。

なんだかんだ言って、古雑誌を一冊丸ごと、しゃぶりつくしてしまった。

対談集の効用

対談集をたくさん所有しているし、よく読む。これは私の読書人生における顕著な傾向と言えるかもしれない。まったく読まない、あるいはほとんど読まないという人も多いだろうから。小説、エッセイ、評論、ノンフィクションといちおう分野を分けて、そこに収めるのをためらわれるのが対談（鼎談、座談）集ではないか。当然ながら、これらは喋った会話を文字に起こしてかたちとする。その作業には幅があって、喋ったことがそのまますべて原稿となるわけではない。話者とは別に、構成者（編集者が兼ねることもある）がいて、喋った言葉をテープなどの録音から文字に起こし、さらに削除、加筆、順序の入れ替えなどをして作品として整えるのである。

各話者にそれが送られ、大幅に手を入れる人もいれば、ほとんどそのままおまかせで返す人もいる。これはもう本当にさまざま。私は直近で『中央公論』誌上で清水達朗さんと「上京」をテーマに対談した。知己の相手ということもあり、話はふくらみ二時間近くに及んだ。限られたページ数に圧縮するのに構成者は苦労しただろう。これが初稿ゲラで届いたが、私はほとんど手を入れなかった。いろいろ難しい問題があって、ひと口には言えないが、執筆者が書くのではなく、こうした語りの記事は、喋った時点で半ば私の手を離れていると考えているからだ。

これまで、たくさんの人と対談してきたし(軽く二、三冊の本にまとまる分量)、逆に構成者として多くの対談を原稿にしてきた。そうした経験を踏む以前の、純粋な読書だった頃から対談集を読むのが好きだったのである。喋り言葉の気楽さがあり、相手とのやりとりから、テーマに奥行きが出たり、または思わぬ方向へ話がそれていくこともある。個人で書く原稿とは違う面白さがあるのだ。

私が熱心に本を買って読むようになった中学生から高校生の頃は、昭和で言えば四〇年代後半になるが、思えばこの時期、対談集がたくさん出版されていた。最初に読んだのは遠藤周作、遠藤とペアだった北杜夫。これは本当に面白かったし、電車の中で読んでいて思わず笑ってしまうこともあった。次いで吉行淳之介、開高健、田村隆一、丸谷才一、司馬遼太郎などだろうか。

とくに吉行は対談の名手として誉れ高く、驚くほど多くの対談集を出している。いま本棚から、吉行の対談集をピックアップしてきたが、集英社文庫から『対談 浮世草子』、新潮文庫から『恐怖対談』『恐怖・恐怖対談』『恐・恐・恐怖対談』、角川文庫から『着流し対談』『躁鬱対談』と六冊が揃った。しかもこれは一部にしか過ぎない。単行本なら『軽薄対談』(講談社)がシリーズとして三冊あるし、『拒絶反応について』(潮《うしお》出版)という、文学論に踏み込んだ硬めの対談集までである。

『躁鬱対談』（角川文庫）の解説で、編集者の青柳茂男が「対談の名手・吉行淳之介」というフレーズが流布した事情を説明している。最初の連載対談は昭和四〇年に始まった『週刊アサヒ芸能』の「人間再発見」で、足掛け五年も続き、一九九回をもって終了した。この連載が好評で「対談の名手」の評判が定まったという。この一九九回の対談が、その後、『軽薄対談』『吉行淳之介対談浮世草子』『粋談』『軽薄対談』と出版社やかたちを変えながら本になっていく。

青柳の見るところ、「対談の名手」と呼ばれる所以は、「まず相手との間につかず離れずの適当な距離を置く。抽象的、観念的な議論を避け、話はあくまで具体的に。意味がくみとりにくい発言があれば、臆せず突っ込む。ただし、相手のいやがることを露骨に聞いたりはしない。具体的なエピソードが積み重ねられ、その背後にゲストの人柄や生き方が輪郭あざやかに浮かびあがる」ところにある。ほとんど名人芸。つまり、知識が豊富だとか、話術に長けているといった技術的なことの前に、人生をいかに生き抜いてきたかというバックボーンが試されているのだ。「対談の名手」は「人生の名手」でなければならない。

そこで気づくのは、対談の上手い人はエッセイも上手いということだ。対談は喋るエッセイと言い得る気がする。小説や評論を書くのとは違う、作家の生理の部分で、この二つには共通する部分があるようだ。それに、ジャーナリズムの要請もあった。総合雑誌や週刊誌、タウン誌やP

R誌など雑誌がメディアとして元気だった時代、読み物記事の中で、コーヒーブレイクのように目を休ませるのが対談で、必須のアイテムだった。だから人選を含め、作る側も力を入れた。ただ、けっこう経費がかかると、編集者のぼやきを聞いたことがある。二人分のギャラにプラスして、構成者、昔なら速記者、カメラマンが必要になる。両者が大物だと、喫茶店でというわけにいかず、それなりのレストランや料亭を用意するとなれば、かなり物入りである。

それでも対談のページは雑誌の目玉と考えられていた。遠藤周作、吉行淳之介、開高健、田村隆一、丸谷才一、司馬遼太郎などが重用されたのは、彼らにまかせれば、慣れてもいるし、出来が保証されていたからだ。だから、雑誌掲載で終わらず、単行本になった。昭和四〇～五〇年代は対談集の花盛りの時代でもあったのだ。

そこで気づいたのだが、そういえば最近、出版広告などを眺め渡しても、対談集を目にすることが少なくなった。具体的に昭和四〇～五〇年代に何冊、平成、令和に入って何冊とデータがあるわけではない。書評家と名乗り、この三〇年以上を本の業界を泳いできた者としての率直な感触である。

出版全盛期に比べて、雑誌の数は減ったが、読み物記事としての対談の需要が極端に下がったわけではないだろう。いま手元に『文藝春秋』（二〇二三年五月号）があり、目次を見ると岸田文雄・岡藤正広・中野信子の鼎談、藤原正彦・林真理子の対談ほか、八本の対談（鼎談）記事がある（「有働由美子対談」は連載）。一冊に八本だから、かなり多い。もともと対談および座談会という形式の創案者と言われる菊池寛が作った雑誌だけのことはある。

しかし、どうだろう。本になった対談集そのものが、気軽に読まれる読書環境はこの数十年で大きく衰退したのではないか。本そのものが売れなくなったという出版事情はもちろんある。加えて、作家そのものに、対談をして読者を満足させるだけの個性や魅力や力量が失われているのではないか。

改めて、対談を得意としたかつての作家（いずれも物故）の名を挙げる。

遠藤周作、吉行淳之介、開高健、田村隆一、丸谷才一、司馬遼太郎

ここに野坂昭如、山口瞳、小林信彦、井上ひさしの名を加えてもいい。こうして並べると、私が思春期から読み始めた記憶と思い入れの強さを差し引いても、一人ひとりが戦国時代の一国一城の主、といった存在の大きさを感じる。語り手の個性、存在感、魅力がなければ、そもそも対談という語りの記事は成立しない。

吉行淳之介で言えば、ホストの役目を果たしつつ、ちゃんと意見も言い、話の方向性のかじ取りもする。そのあたりが「名手」と呼ばれるゆえんだ。

新潮文庫『恐怖対談』シリーズで傑作とされるのが、淀川長治をゲストに招いた「こわいでしたねサヨナラ篇」。「こわい映画」というテーマで、うまく淀川の知識や鑑賞法を引き出している。

そして、淀川を気分よく「乗せ」、アラン・ドロンが主演した『太陽がいっぱい』について、「あの映画はホモセクシュアル映画の第一号なんですよね」と驚愕の発言を手繰り寄せた。続く吉行は（和田、同席の男性も）「え、そんな馬鹿な」と絶句。ここから淀川の真骨頂なのだが、「映画の文法」を持ち出して、画面に現れた事象や映像からどうしてそう言えるかを論じていくのだ。息をもつかぬ丁々発止のやりとりが生んだクリーンヒットと言えよう。なおカッコ内の「和田」とは和田誠で、似顔絵を担当した和田は対談に同席したのである。

どこかで見つけたら、ぜったい買った方がいい対談集の傑作を挙げておく。野坂昭如・長部日出雄『超過激対談』（文藝春秋。一九八七）は、ほとんど全ページが面白い。互いによく知る二人が、くつろぎつつ遠慮なく両方から突っ込んでいく。目次タイトルをいくつか紹介すると、「NOSAKAはなぜ『直木賞選考委員』になれないか」「文壇ヤリクリ生活大告白」「人体実験的フーエー法以前以後」「闇市がなけりゃ日本は滅びる」等々。問題設定自体が意表をつき、本音を語らざるをえない。

『銀座百点』創刊第五号を買う

ついふらふらと手に取り買ってしまった。『銀座百点』の一九五五年第五号。一九五五年は同誌の創刊年だ。こんなに初期のものを入手したのは初めてかもしれない。表紙は佐野繁次郎だ。『銀座百点』は今も刊行が継続されている銀座のタウン誌。日本初のタウン誌でもある。発行の銀座百店会は、この雑誌を作るため設立された。趣旨に賛同した銀座一丁目から八丁目までに住所を持つ名店一〇〇軒から成る。「明治屋」「銀座フロリダ」「三笠会館」「日動画廊」「壹番館洋服店」「木村屋総本店」「鳩居堂《きゅうきょどう》」「和光」等々、さすがの名店が名を連ねている。加入した店舗以外の広告が入ることもなく、その点でも純度は高い。ここに家電メーカーや旅行会社や飲料の広告が混じると、もっと雑多な印象になるはずだ。

この雑誌が放つ高いクオリティーや格調は、表紙や執筆者を超一級の人に依頼している点にあるだろう。まずは何といっても、創刊から一五年表紙を担当した佐野繁次郎。独特の味わいを持つ抽象画と、ひと眼でそれと分かる描き文字によるタイトルと、このタウン誌が以後持続する気品のレールを敷いた。佐野のあとを引き継いだのは秋山庄太郎、風間完、脇田和《かず》、小杉小二郎《こじろう》。現在はクラフトエヴィング商會だからはずれがない。

執筆陣も豪華で、この五号で言えば、池部良、子母澤寛《しもざわかん》、福島慶子、島崎雪子、徳川夢声、藤原あき、福田豊四郎など、当時誰もが知るトップの著作家や俳優などが首を並べる。この横長の薄い雑誌の連載から、たとえば向田邦子『父の詫び状』が生まれ、和田誠『銀座界隈ドキドキの日々』が単行本となり話題になった。『銀座百点』から原稿依頼が来ることは、ある種のステイタスであったはずだ。先に断っておきますが、私に原稿依頼はありませんよ。ああ、どうせそうですよ。

とくに向田邦子の起用はこの雑誌の手柄だった。一九七〇年代に「時間ですよ」「寺内貫太郎一家」「だいこんの花」「冬の運動会」「阿修羅のごとく」「あ・うん」と名脚本家として名を知られていた向田に随筆の連載依頼をしたのが『銀座百点』。一九七五年秋に向田は乳がんの手術を受けていた。「あまり長く生きられないのではないか」という予感を抱いて連載（隔月）を引き受けた。一九七六年二月号から連載開始、一九七八年六月号まで続いた。がんの手術の後遺症で右手が効かなくなり、左手で書いたという。連載が始まった一九七六年から表紙は風間完が担当。向田の著作の装画を中川一政と二分する、ひいきの画家となった。

「父の詫び状」は、人々が忘れかけた、忘れようとした戦前の中流家庭の日常と親子の心の交流を細かく描き出し、多くのファンを得て文藝春秋から単行本化される。出版社の編集者が飛びつくように向田に小説を書かせ、一九八〇年に直木賞を受賞するまで、あれよあれよの進境の発端は『銀座百点』が作った。同時に人気作家となった彼女に舞い込んだ海外取材の渡航中、飛行機事故の奇禍に遭い帰らぬ人となる。これが一九八一年だから、あまりの目まぐるしさに息を呑む思いだ。

Ｂ６（新書より一回り大きい）を横長にした判型は、先行する大阪の食味雑誌『あまカラ』をまねた。これは男性なら背広のポケット、女性ならハンドバッグに収まることを想定したサイズだった。中綴じの見開きを中央で折りたためばコンパクトになり、飲食店の席や電車でつり革にぶら下がりながら読むのに適していた。家庭で簡易にコースター替わりに使われたのか、カップの底の紅茶かコーヒーの跡がついたのを古本で見たことがある。

『銀座百点』は、いちおう定価がついている（第五号は五〇円）が、「銀座百店会」に加入する店なら、顧客に無料で配られているはず。私などは銀座へ赴いた際、「銀座ライオン」で何度かもらった記憶がある。どれぐらい部数が刷られているかは不明だが、バックナンバーは古本屋や古本市でよく見かける。号にもよるだろうが、一冊一〇〇円から三〇〇円ぐらいではないか。一度、五反田「南部古書会館」の即売会で、五〇冊ほど束になったのを見つけ買ったことがある。いずれ暇を見て、通覧し研究しようと思って買ったが、ついに紐を解くことはなく、そのまま処分してしまった。

よほどの研究心や必要（雑誌についての原稿依頼）がない限り、束になった雑誌を買うのはもうやめようとこの時、肝に銘じたのである。時々、箸休めのように、一冊とか二冊とかを買って、帰りの電車や喫茶店でパラパラと任意にページを拾い読むのが、もっとも健全な古雑誌との付き合い方のようだ。（そんなに長くは生きられないのだから）と、心の中でつぶやくのが常である。

第五号は某所、古本屋の店頭でたった一冊、一〇〇円で売られているのを見つけ、ほかにあまり触手が動かなかったせいもあって購入。行きつけの喫茶店で腰を落ち着け、コーヒーが運ばれるまでの時間に読み始めたら、けっこう強く引き寄せられた。もっとも強く目次で関心を寄せたのが「銀座の屋根の下　ジャズの音流る」という座談会で、ここさえ読めればいいと思っていたら、ほかのページにも目が移り、結局コーヒーを飲み終わるまでに雑誌の半分くらいは目を通すことになった。充実の一〇〇円である。

タウン誌だから当然のごとく、地元の話題になるわけだが、たとえば巻頭の「銀座の玄関番」は、有楽町駅長（大石銀作）と新橋駅首席助役（川又順）の対談。どちらも国鉄（現ＪＲ）における銀座への最寄り駅で隣同士。ちょっとライバル関係が透かして見えそうだ。

乗降客が多いのは有楽町。「有楽町は乗降客がだいたい年間をつうじて三十二万といっております。しかし収入は新橋のほうが多い」（大石）。その理由は「旅客小荷物があるから」だという。

「それに新橋は、遠距離の汽車が多いので、遠距離の切符を売る」（川又）ために駅の収入に差が出る。「有楽町は安いところばかり売っている。（笑声）」（川又）。

これは対談で初めて知ったが、切符も有楽町は「ペラペラ」の軟券であるのに対し、新橋は硬券と違いがあった。なぜそんな区別があったかは分からない。階段の耐久力についても言及あり。有楽町は石製。大量の乗降客数が使うため「石の階段が、二年目にツルツルになつてしまいますよ」と川又助役が証言する。もっとも強い（耐久性の高い）御影石を採用する予定とのこと。こういう話は現場からでないと聞けません。

酔客の暴行についても語られている。まわりが飲み屋で囲まれた新橋がとくにひどい。「どうどうたる紳士がまつたく常軌を逸してくる」（川又）。それに対する対応は「無抵抗主義」で、「こつちもバカになつてつとめなければならん」と言うのだが、「相手になれば二つのところを三つも四つもなぐられるということになるから無抵抗主義がいちばん賢明」（大石）と最後に（笑声）で締められているが、ひどいものだ。無抵抗な駅員に対する酔客の暴行はいまだ止まず、問題視されている。

そのほか「スリ」、「桃色」（カップルのいちゃつき）と、かなり正直に本音が語られている点が読ませる。現在の有楽町、新橋両駅の駅員にこれを読んでもらった上で、再度対談をしてもらいたい。

こういった瀟洒なタウン誌を中央線で作りたいというのが私の夢である。かつて「ONIKICHI（おに吉）」という荻窪、西荻窪、吉祥寺の古本屋さんを後援者として、小冊子を作っていたことがある。三つの町の頭文字を取って「おにきち」と名付けた。編集長は名前だけだったが私。実務は石丸徳秀と尾崎澄子の両名。デザインやイラストは久住卓也。無料配布されたため、現在入手は困難である。どこかで合冊を出してもらいたい。

第一号は二〇〇三年五月刊行。以後、三号まで出した記憶がある。各町の古本屋地図をメインに、読み物記事を角田光代、坪内祐三、三浦しをん、久住卓也、浅生ハルミン各氏が執筆。薄謝なのに、けっこう豪華だった。これをもう少し膨らませて、中野から国立までぐらいのエリアに広げて、『銀座百点』へ追い付け（追い越すのは難しい）と定期的な刊行物を出したいのだ。やり方によっては、けっこう軌道に乗るのではないか、と皮算用したりして。

質屋小説「蔵の中」

京都での学生時代は手ひどい貧乏生活を強いられたが、それでも質屋を利用したことはない。質屋通いを自慢する（「我がよき友よ」）経験は免れた。京都にはかつて河原町今出川上るに「善書堂」という本を質草に取る古書店があって、ずいぶん利用された（店主に直接取材した）ようだが、そっちも私は未経験。金に困った時は本を売った。一日の食事ぐらいは、なんとかそれでしのげたのである。

質屋に関する記憶は父親とのものだ。私が小学校へ上がるぐらいの時の話になる。父親がパチンコ好きで、会社が休みの日、何度かパチンコ店へくっついていった。もちろん私はパチンコをしない。父親が盤に向かっている間、通路に落ちている玉を拾っては父親に渡していたのである。そんなある日、パチンコ店へ行く途中、「たけし、ちょっとここで待っとけ」と言って父親が路地裏に姿を消した。しばらくして現れた父親の手首から腕時計が消えていた。腕時計を質草に金を借りたらしい。安月給の父が高級時計を身に着けていたのとは思えないので、おそらく現在の五〇〇円とか一〇〇〇〇円とかで入れたのではないか。

これもいつだったか、深夜、リビングで酔っぱらってテレビを地上波、BS、CSとザッピングしていたところ、ポルノドラマに行きついた。しばらく見ていると、これがひどい話で、夫の借金のかたに妻が質草に取られて、利息代わりに男たちの手慰みになる。現代ではありうべからざる設定だが、江戸時代には、いよいよ窮したら「妻が質草」になることがあったと大石慎三郎『大江戸史話』（中公文庫）には書かれてある。「生活や年貢納入に困った農民は、まず子どもを質に入れる。もちろん、そのような農民が借金を返せるはずがないので、子供は質流れになってしまう」という。子供が質流れになると次は妻、最後は自分自身が質に入る。すごい話です。

ところで、町の質屋の数は急速に減少している。借金の手段についてはいわゆる「サラ金」が普及し、モノを金に換えるのはリサイクルショップに取って代わられるようになった。質屋の出番はそのために減ったのである。

最近の小説（そんなにたくさん目を通しているわけではない）を読んで、質屋の登場する作品は青春期の回想を除いて、ほぼ皆無ではないか。

そこで紹介したいのが宇野浩二「蔵の中」である。話題の中心が質屋の小説。しかも、主人公が質草に入れた着物を、虫干しするという理由で蔵に入り、これも質草の布団を敷いて眠ってしまう。まるで自分が質草になったみたい。日本文学に谷崎潤一郎「春琴抄」、川端康成「片腕」、江戸川乱歩「人間椅子」、小松左京「日本沈没」と、あっと驚く奇想の小説はいろいろあれど、ユニークという点でこれは負けていない。

「蔵の中」は短編で、現在は講談社文芸文庫『思い川・枯木のある風景・蔵の中』に収録。こまめに古い文学全集の端本を探せば、宇野浩二の巻で読むことができるはず。私が今回、テキストにしたのは中央公論社「日本の文学」の『宇野浩二・葛西善蔵・嘉村磯多《かむらいそた》』の巻。つまり宇野が私小説の作家であると、この組み合わせでわかる。

宇野浩二（一八九一〜一九六一）は福岡生まれの大阪育ち。一九一〇年に上京、編集者を経て作家デビューを果たす。これが大正中ごろで、一九一九年に「文章世界」に発表した「蔵の中」で注目を集めた。これが大ざっぱであるが略歴。「蔵の中」は広津和郎から聞いた近松秋江のエピソードからヒントを得た。原稿を持ち込んだ「文章世界」の編集者が加納作次郎で、広津と加納により元の題「或《あ》る愚な男の話」から二転三転して「蔵の中」になったという。

「そして私は質屋に行こうと思い立ちました」と唐突に始まるこの作品は、人懐っこい語り掛けるような文体で、のちの太宰治を想起させるところがある。主人公（山路）は独身の小説家。衣裳道楽で集めた着物を、貧しいがゆえにみんな質に入れてしまう。

お気に入りの特注の布団さえ質屋のものとなる。部屋から布団が消え、貸し布団で寝る始末である。「私」は布団にもぐりこみ、腹ばいになりながら執筆する習慣があり、これは作者そのままの姿である。「蔵の中」も「鰻のように蒲団の中にもぐって、三日かかって小説を書き上げた」（山本健吉）。まあ、ここまでは特別珍しい話でもない。本作が異色なのは、このあと、預けた衣裳を虫干しするという理由で、質屋の蔵の中に入り込むことだ。

質屋の店員たちは「いや、いちいち手入れは十分にしてあるとか、今ごろ虫干をするとかえって品物が悪くなる」など理由をつけて断ろうとするのだが、結局は望みを叶える。頭上に縄を張り、自分の預けた着物をそこに干す。それを眺めながら、一枚いちまいに込められた「女の思い出」を呼び起こすのだ。

小説を人生の実相を映した文芸形式とするならば、あまりにばかばかしい話だが、コロコロと前に転がる軽快な文体もあって、一読忘れがたい印象を残す。これは何度読んでも面白い。映画化してほしい。

作品社の「日本の名随筆」シリーズ「別巻一八」が種村季弘《すえひろ》編『質屋』。滝田ゆう、永井龍男、尾崎一雄、林芙美子、井伏鱒二、佐多稲子、山之口貘《やまのくちばく》ほか錚々たるメンツによる「質屋」にまつわる回想を集める。宇野浩二は「質屋の小僧」「質屋の主人」を収める。当然ながら貧乏話のオンパレードになるわけで、成功した作家たちの悪戦苦闘の日々がうかがえる。

「あとがき」で編者の種村季弘は、江戸っ子と質屋の関係についてこう書く。

「仕事の出掛けにふとんを質に入れて、帰りに日賃で出せばいいい。質屋をすこし遠いところにある押入れと思えばいいのだ」

宇野浩二「蔵の中」は、まさにその実践であった。

その人の実物と肉声を知っている『遊園地の木馬』

私が読書をする場合、一般の方々と違うだろうと思う点は、書評家を名乗る本読みとしてのいちおうのプロであることだ。書評対象ではない、趣味としての読書をする際も、付箋を貼ったり、簡単な梗概《こうがい》や登場人物についてのメモを取ったりする。これは一種の職業病であろう。

さらにもう一つ、編集者を経ての長いライター人生において、作家、芸能人など多くの著名人に会って話を聞いている。読んでいる本の著者と過去に面識がある、というケースがけっこうあるのだ。親近感が増すという利点のほか、読みながら著者の印象や肉声が文章とシンクロしていく。それはテレビに出て喋っているのを見た、聞いた経験とも少し違っているようだ。実物を目の前にして、同じ空気を吸った経験はもっと濃い。

文章（主にエッセイ）を読みながら、自然と声音や風貌がそこに重なっていく。

そう改めて考えたのも、池内紀《おさむ》『遊園地の木馬』（みすず書房）を読んだからだ。一九九四年から九七年まで日本経済新聞に連載されたエッセイを精選して収録。中身は日常の雑感が中心で、一編が三ページ。実に読みやすい。大相撲の夏場所に入る前、七月の静かな夕方に氷をたくさん入れたアイスティーを飲みながら、毎日少しずつ読んだ。これはいい読書だった。

タイトルとなった「遊園地の木馬」と同名の文章はなく、最初に収録された「はじめての住居」で触れられた神戸の市立動物園に併設された、小さな遊園地の木馬の話から付けたようだ。いいタイトルだが、営業的に考えると少し弱い。タイトルから中身が分からないではないか。しかし、池内紀、みすず書房という固有名詞に強い力があるため、これでよしとされたのだろう。

カバーに使われた古い板塀の前に旧式の乳母車と自転車の写真は著者自身の手による。「兵庫県三木市の商店街」を撮影したものらしい。この三木市について書いたのが「肥後守《ひごのかみ》ナイフ」。少年が使う携帯用ナイフ「肥後守」は、播州・三木で生まれた。もちろん初耳。量産が始まったのは明治四〇年ごろ。全国に広まったが一九六〇年の浅沼稲次郎刺殺事件により警察庁から「飛出しナイフおよび携帯禁止の刃物」の通達が出て、この小刀の息の根を止めた。私が小学生の頃、鉛筆削りで使ったのは薄刃のカッターナイフだった。

一九四〇年生まれの池内さんは連載中が五〇代。長らく勤めた東京大学を辞め、フリーの身になった時期に重なり、精神の自由さが全体に漂っている。そうした感慨や感想も随所に書き留められる。そこで、中高年の身の処し方などもうかがえるのである。本が出たのは一九九八年。私は四〇代にこれを読み、五〇代の男がいかに世間と折り合いをつけて生きていくかの指南書として受け止めていた気がする。

最初に読んだ時はまだ池内さんとお目にかかる前。その後、二度、取材でお目にかかりいずれも気分がよかった。今回再読したのは私がもう六〇代半ばを越え、池内さんの謦咳に接した後だから、少し読み方にも変化があったのだ。

たとえば「値打ち」という文章。

「もともと、モノを持たない人間だが、たまには買物をする。靴下は三足千円、ジーパンは三千二百円の超見切り品、この冬は二百円手袋というので過ごしてきた」

原稿用紙は学生の時使っていたのと同じで有名文具店の名入りというものではなく、それで「べつに何の支障もなく愛用している」という。

最初に読んだ時は、へえそんなものかで済んだ話だが、同じような話をその後、お目にかかった際に聞いている。取材に指定された喫茶店は三鷹駅前の「しもおれ」(再開発ですぐ近くに移転)。池内さんは一つ隣駅の武蔵境に住んでおられたようだ。池内さんが好きな山歩きの話になった時、装備や着ていく服について、「みんなイトーヨーカドーの安物ですよ」とおっしゃったのだ。汗になったシャツやパンツは家に持ち帰らず、現地で処分していくとのことだったが、なるほど、それなら安い品の方がいい。そんな飾らない姿や物言いを、「値打ち」という文章で思い出したのだ。「私は旅先で用ずみの品や下着をすてていくことにしている」(「ドレスデン」)と、ちゃんと書いてある。

酒や食べ物も高級品ではなくいたって大衆的。取材したとき、喫茶店の横に「下田書店」という古びた古本屋、裏手に焼き鳥屋があったが、いずれも池内さんのひいきの店。「だからぼくは、この狭いエリアですべて用が足りるんです」とおっしゃったのだ。目を細めた優しい笑顔、柔らかい関西弁が懐かしい。知り合いの編集者は、「池内さんはね、麻婆豆腐が好きなの。だから、麻婆豆腐のおいしい店に連れていけば、なんにも文句は言わない」とも聞いた。どこそこの名店の天ぷらや寿司、フランス料理というのではなく、麻婆豆腐というのがうれしいじゃないか。

また本書には、五〇代半ばにいたって得た「生」の実感が随所にちりばめられ、生きる知恵読本といった趣きがある。

「私たちのからだ、それはあきらかに前に出ていくようにつくられている。目も鼻も耳も口も、手も足も性器までも、いっせいに前方を向いている。あらゆる地上の生きもののなかで、これほどめだって前方優位につくられているものも少ないのではあるまいか」(「前へ、前へ」)。

「人の『こころ』のふしぎさ、奇妙さ。当人にも予測のつかない部分がある。それは自分のものであって、同時に自分のものではない。意のままになるのは、ある程度までであって、それから先はわからない」(「『こころ』のふしぎ」)。

「病気にならないと健康に気がつかない。地球の引力を知るのは落下のときである。齢の意味が違って思えるのは、要するに若いときは生の実感がなかったからだろう」(「老いるとは」)。

「何かに夢中になっているときは、たいていのことは忘れている。その間、うき世の苦労とも縁がきれていて、これはこれで、まんざら悪いばかりではない」(「忘れもの」)。

これらの言葉は、亡き池内さんの面影と重なり、最初に読んだ四〇代の時より、いま一層に身に沁みてくる。

梶井基次郎『檸檬』新潮文庫の注を疑う

梶井基次郎『檸檬』（新潮文庫）は、改版前のものをあわせると、五、六冊は持っている。外出先の古本屋で見かけると、急に読みたくなったりして、そのつど買うからだ。京都で学生生活を送っていたころからの聖典の一つだ。最初に読んだのは角川文庫版で、こちらのタイトルは『城のある町にて』。もちろん「檸檬」も収録されている。

今回、「冬の日」を読み返していて、「エーテル」に注の印（＊）がついているのに気づき、巻末の注釈を読んでみた。執筆は近代文学の研究者・三好行雄。

注がついた該当箇所は以下の文章。

「『俺の部屋はあすこだ』

堯はそう思いながら自分の部屋に目を注いだ。薄暮に包まれているその姿は、今エーテルのように風景に拡がってゆく虚無に対しては、何の力でもないように眺められた」

注には「エーテル」について、こんな説明がされている。

「[ether（蘭）]以前、光の波動説で、光の伝《でん》播《ぱ》を媒介する物質として仮定されていたもの。相対性理論の出現以後はこの仮定は無意味になった」

どうです？　分かりますか。私などにはちんぷんかんぷんだ。調べたら、たしかに「エーテル」にこういう意味はあります。だが、「光の伝播を媒介する物質」として仮定されたもので、現在は否定されているというのと、主人公（梶井自身）が、外から自分の下宿の部屋を眺めている状態で、そこに虚無を感じるということの、いかなる説明になるのか。三好行雄はえらい学者である。しかし、ここは間違っていると思う。

この場合の「エーテル」とは、麻酔などに使われる揮発性の液体を指す以外には考えられないのだ。ドラマや映画で悪党が人を誘拐する際に、ハンカチにエーテルをしみこませて、口にあてて嗅がせるシーンがよくある。「あれえ」（女性）「こいつ、じたばたするな」（悪党）「うーん」（女性）「しめしめ、どうやらエーテルが効いたらしい」（悪党）……というやつですね。「エーテル」は結核患者の鎮痛剤として用いられ、結核の梶井にとって親しい薬品だった。特別な香りがして、揮発性がある。「堯《たかし》」が、さっきまで自分がいた部屋を外から眺め、虚無を感じる状態を「風景に拡がってゆく」と表現する時、無色透明で揮発していく薬品の「エーテル」を指していると考えるべきではないか。「相対性理論」などが出てくる余地はないと思う。念のため、旺文社文庫の『檸檬・ある心の風景　他二十編』で、「冬の日」の注をチェックしてみた。「エーテル」はこうだ。

「ether。〈オランダ語〉アルコールに濃硫酸を作用させて生じる芳香のある無色の液体。揮発性を持つ。」

やはりそうだった。私はこちらの注が正しいと思う。「揮発性」がポイントなのだ。そこに加えて、結核患者にとって親しい薬品であることを書き添えれば、もっとよかった。文庫に注がついているのは助かるし、私も大いに参考にしているが、どうもおかしいと思ったら、疑ってかかったほうがいい。

松本清張「典雅な姉弟」

松本清張を全部読んでいるわけではない。それでも代表作は一通り目を通し、映画化された『点と線』『張込み』『霧の旗』『ゼロの焦点』『砂の器』などもたいがい観ている。拙著『上京する文學』（ちくま文庫）では、松本清張の章を立てて、この時はその生涯を含め熱心につき合った。人間にはみな、恨み、嫉妬、人に言えない過去があり、それがやがて殺人にまで発展する。そのことが高度成長期の社会と絡み合い、なんともやるせない結末が待っているのが清張作品の特徴ではないか。

清張が遺した膨大な作品の中で、なんとなく気になっているのが「典雅な姉弟」。これが不思議なテイストの短篇なのだ。総タイトル『影の車』として、一九六一年一月から八月まで雑誌『婦人公論』に連載された全八話の連作である。私が読んだのは角川文庫版。「連作」と言っても各話に共通するものはなく、あえて言えば「人間の運命をあやつる『影の車』という共通したモチーフがつらぬかれている」（郷原宏／文庫解説）。ちなみに野村芳太郎監督、加藤剛と岩下志麻主演により映画化された『影の車』があるが、これは同著収録の短編「潜在光景」を原作とする。表題作となる作品はない。

「典雅な姉弟」は東京・麻布「T坂」にある高級住宅地が舞台。「T坂」とは「鳥居坂」だろう。現在でもこの周辺は、東洋英和女学院や各国大使館が並ぶ高級住宅地である。その中の一軒に「生駒家」があり、六〇歳ばかりの上品な姉と五〇歳の弟が住む。銀行に勤める弟・生駒才次郎は別の坂道（おそらく芋洗坂）を上がって都電通りへ向かう。昭和で言えば三〇年代、まだ麻布十番周辺に地下鉄は走っていない。

周囲で彼のことが噂になるのは、才次郎が美男の面影を残し、「すらりとした姿で、背が高」く、「鷹揚《おうよう》な歩き方をしていた」からだ。さらに「撫で肩で、中性的な身体《からだ》つき」と描写されている。「それ、生駒《いこま》の才次郎さんが通る」と近所の人がささやくのだ。情念深き脂臭い男たちばかりが登場する清張作品において、いかにも異色。

しかし才次郎はまだ独身で、同じく独り身の姉・桃世、亡兄の妻・お染とともに暮らしている。桃世はかつて旧大名華族の御殿女中を務め、何かといえばそれを鼻にかけ、誰も頭が上がらない。「桃世の立居振舞いは、すべて彼女の半生を過ごした『御殿風』であった」とある。桃世にも才次郎にも結婚の事実はなく、才次郎の縁談の話もことごとくつぶれてしまう。桃世の趣味は爬虫類を飼うこと。このあたりから、ちょっと「典雅な姉弟」が気味悪くなってくる。

そして殺人が起きるのだが、トリックに「電報」が使われる。犯人は東京西郊の川崎市・登戸《のぼりと》郵便局から電報を打つ。前日に打ったものを誤解させる手口だが、なぜ電話でなく電報なのか。この小説が書かれた一九六一年に「登戸から東京都内への電話は、当時、まだ直通になっていなかったから」だ。ここに時代を感じさせます。

また、才次郎が「若いとき美男」だっただけに、「老いの哀れさを容貌に見せる」ことを「無残な凋落」だと清張はしつこく書きたてる。

同じ『影の車』所収の「薄化粧の男」に登場する草村卓三も同様に「昔は相当美男子として騒がれた」男だが、五四歳になった今、かつての美貌は衰えて薄化粧をしていると冷酷に描く。それでも自分の美貌を信じている姿は「鼻持ちならなかった」と同僚の女事務員に言わせるなど手厳しい。

清張さんの容貌は、お世辞にも「美男子」とは言えない。突き出た太い唇や、刻み込まれた皺は人生の苦闘の跡を物語るものだ。それだけに「美男子」が許せなかったのでは、と想像してみるのである。なお、末尾に清張は、独身を貫いた「美しい妹弟」について、係官がある想像をしたことをつけ加える。大体想像がつくでしょう?

本を読むのは吉田健一だけ

又聞きで本人に直接確かめたわけではないから匿名で書くが、日本の高名なジャズピアニスト、仮にピアノのPとして、Pさんの話。何かそういう話題になったのか、Pさんは本を読むのは吉田健一だけ、と言ったそうだ。ううん、すごい話だと感心させられたのである。

老齢で、現役のピアニストとして忙しく、そんなに本を読む時間はなさそうだが、読むのは吉田健一と決めている。そういう人があってもいいなあ、と思ったのである。私など趣味も読書で、職業も本読み(と原稿書き)だから、年がら年中、のべつまくなしに本を開いている。それでよく「一か月に（週に）何冊ぐらい読まれるのですか」と問われるが、あんまり答えたくない。「一〇〇冊は読むでしょう」と答えたら「ええっ、本当ですか？　そりゃすごい」と言われるかもしれないが、事実それぐらい読むこともあるのだが……ああ、バカバカしい。こういう話題は楽しくないし、何も生まないな。釣りの随筆を多数書いた井伏鱒二は、読むとそれほど釣果は多くなかった。品のいい釣りであった。

つまり冊数で、読書家の質を換算しようとする人に、何を言っても始まらないなという気がしている。それよりむしろ、Pさんのように「読むのは吉田健一だけ」と言われた方が、何かすごい読書家に出会ったな、と思うのである。また、吉田健一というのがいい。ドストエフスキー、トルストイ、夏目漱石、内田百閒、小林秀雄、寺山修司、須賀敦子ほか誰でもいいが、若い時分にはあれこれ手を出しても、生涯この人だけと後半生を決めて、時間があって本を読む気分になった時にそれを開く。老齢の読書生活において、なかなかいい趣味である。その場合、吉田健一という以外に、聞かされて納得できる人選はほかにない。

吉田健一について、あらためてくわしく説明することはしません。英文学者でありエッセイストであり、小説家であり、翻訳もしたと書いたところで、実態に迫れるわけではない。評しがたい一級の文筆家であった。句読点をなるべく打たない、息の長い特異な文体の持ち主で、エッセイも小説も翻訳も同じ調子で書いた。どこでもいいが、代表作となる長編『金沢』から、パッとページを開けばたとえばこんな感じ。

「それで座敷が廻り始めるのでもなければ傍にいるものが言うことに受け答えが出来なくなるのでもなくてその晩も自分の家の居間からそこの料理屋まで来る途中のことを思ってはその道を同じ自分が行き来するのであることを改めて認めるとその瞬間に頭が冴えた」

句読点を落として引用したのじゃないかと疑われそうだが、原文ママである。名文を文章の手本とするなら、真似しない方がいいのが吉田健一だ。こんな調子でシェイクスピアのソネットを訳し、ラフォルグについて論じ、列車の食堂車における時間の流れ方の愉悦を説いた。空前絶後、前人未到の破格な文章だった。

「いったん吉田健一の文体に触れてみると、おのずとその魅力にとらえられ、引きこまれてゆく。そこには言葉の響きがある。吉田氏の詩想のなかにつねに鳴りひびく、人生の達人のこころがある」と、講談社文芸文庫『金沢』の「作家案内」で生前につきあいのあった元編集者・近藤信行が書いている。

読んで内容が分かったからもう二度と読まなくていいと思っている人がいるなら、速読した人からどんな内容かを聞けばそれでことは済む。読書の楽しみからこれほど本質をはずした読み方はない。吉田健一の文章は何度でも読める。音楽に近いと言えるかもしれない。ジャズピアニストのPさんは、私がここであれこれ書いたようなことを一発で会得したのだと思う。「私は本をほとんど読まないのですが、読むとしたら吉田健一だけ。これは繰り返し読みます」。

ひゃあ、かっこいい。

キジを撃つ

「現代詩手帖」一九九一年一一月号が「特集アメリカ現代詩」。これを古本屋の店頭均一で一〇〇円だったので買って、喫茶店でパラパラ読んでいた。最初に登場するのがロバート・ブライ（谷川俊太郎・金関寿夫《かなせきひさお》訳）。これがよかった。野や畑や草原、それに木々と自然と共生して生きていく姿が、難解でなく描かれている。あんまりいいので、これに増補した詩集も同じ訳者で出ているが、コピーを取って私製の詩集を作った。これはこれで、愛着のわくものだ。私はこうしてコピー刷りの手製本を何冊か持っている。飴山実の句集『少長集』もそうして読んだ。

最初の一編「トウモロコシ畑にキジを撃ちにきて」にまず心を奪われた。冬の乾いたトウモロコシ畑の中に、たった一本立つ柳の木。「ぼく」はその柳に魅せられて近づき、とうとう根元にしゃがんでしまう。冷たい太陽と枯れた草。最終の連だけ引いておく。

「心はひとりで、何年も葉っぱを散らせている。／根っこに近い小さな生き物たちと関わりなく。／この太古からの場所にいてぼくは幸せだ、／トウモロコシの上から頭を出してこれじゃ絶好の目標だな、／もしぼくが夕暮れにねぐらに帰る若いけものなら。」

あるいはこの詩を全部読んで、「どこにもキジなんか出てこないじゃないか」と訝る人が出てくるかもしれない。まあ、そうですね。「キジを撃つ」という成句（隠語）を知らなければそうなる。山登りをする人なら分るだろう。登山用語で、「キジを撃つ」とは、すなわち「野ぐそをする」ことを指す。

大阪人なら、わりあい簡単に「ちょっとウンコしてくるわ」と言えるが、普通は人前ではばかられる。ちなみに女性の場合は「花を摘む」というらしい。登山道から離れて、茂みを探してしゃがみ込む。そのスタイルが「キジを撃つ」姿に似ていることからつけられたらしいが、海外でもやっぱりそう言うのだろうか（原題がどうなっているかは不明）。

ちなみにアメリカの詩人でエッセイストのロバート・ブライは一九二六年生まれで、二〇二〇年一二月五日現在、九四歳でまだ存命。谷川俊太郎はブライより少し後の一九三一年一二月一五日生まれの八八歳。あと少しで八九歳になる。

『どくろ杯』の東京

金子光晴（一八九五〜一九七五）といえば、日本を代表する詩人のひとり。代表詩集は『こがね蟲』、『落下傘』など。一冊で読むなら清岡卓行編『金子光晴詩集』（岩波文庫）がおすすめ。昭和初年、夫人の森三千代と日本を脱出し、中国、アジア、ヨーロッパの極貧の放浪旅行を続けた。その記録が自伝『どくろ杯』『ねむれ巴里』『西ひがし』にまとまるが、いずれも名作として世評は高い。

『どくろ杯』はその出発編。一九二三年に最初の詩集『こがね蟲』を出版し、詩壇に鮮烈な衝撃を与えたあたりから、一九二六年に上海へ渡り惨憺たる日々を送るまでが描かれている。リアルタイムから四〇年近い月日を経ての回想なのだが、細部にいたるまで印象は曇らず、叙述は今目の前で起こったかのごとく鮮明である。記憶力というより視力の強さだろう。

というわけで、金子の自伝といえば外国紀行になるのだが、じつは『どくろ杯』の前半は日本で暮らしていた時代の話である。とくに中央線沿線に住むあたり、私は関心をもって読んだし、少し調べてみた。つまり金子光晴の東京である。文学好きな女学生（森美三代）と恋仲になり結婚、子どもも生まれるが一九二六年上海へ。これは一九二八年から本格的に始まる地獄旅の前哨戦で、一カ月ほどして一旦日本へ帰る。

それからの東京での生活が『どくろ杯』にくわしく書かれているのだ。一九二六年に上海から帰国した光晴、美三代、息子の乾《けん》、そして妹のはる子は一旦長崎に身を置き、光晴だけひと足早く上京し、落ち着き先を見つける。それが中央線、中野と高円寺の中間あたりの二軒長屋、二階建て物件だった。この時、光晴は義母と折半したかなりの額の義父の遺産をほぼ使い果たしていた。

「先になんの成算もなしで、しあわせにしてくれるあてなどないことが一目でわかるような私に、いっさい任せたような顔をしてついてくる三千代も、浮世ばなれのした存在だった」と書くが、惚気も屈折している。関東大震災以後に東京西側郊外へ移転してきた多くの貧乏文士は、いずれも似たような「先になんの成算もなし」の「浮世ばなれのした」者たちばかりだったのだ。私もその遠い末裔で高円寺に住んだ。そんなどん底の悲惨を、光晴は三千代の体を抱くことでなぐさめた。これはお金がかからない。

世はプロレタリア文学全盛、「高円寺、阿佐ヶ谷あたりは、右をみても、左をみても、なま半ちくで、口先の達者なにわかコムニストがうようよしていた」とある。一家が住む二階建て物件は、「震災後の物資不足とは言いながら壁紙の下が新聞紙だけというひどい家」で、痴話げんかをして光晴が三千代を突き飛ばすと、「からだの大きさにすっぽりと壁がぬけて隣の部屋にころがり出た」というからマンガの世界だ。

しばらくして、もっと高円寺よりの「平屋建て三室の小家」へ引っ越す。家財道具は手押し車に積み込んで、自分たちで運んだ。現在は少しの余地もなく住宅やマンション、古アパートと店舗が建て込んだ高円寺周辺だが、昭和初年は「見渡す限り畑」だったという。これが中央線の北側か南側か判明しないのだが、私がかつて住んでいた環七の東側、高円寺南五丁目に近い場所ではないかと想像すると、ちょっとうれしくなるのである。

この時代の中央線文士による貧乏話は果てしもなくバリエーションが豊富で、話題が尽きることはない。何カ月か続いた高円寺暮らしで、金子一家も「近所の商人たち、米屋、雑貨屋、そば屋、豆腐屋と、店並《かどな》みに借金ができ、豆腐屋などは、一丁五銭の豆腐が百丁、計五円也というためかたであった」。「五円」は現在の一万円ぐらいか。これは、まだ月末にまとめて代金を徴収する「掛け売り」という商法が残っていたことを示す。

もちろん、と言っては変だが、こうなると家賃も溜めに溜め込んでいる。しかし、上には上があるもので、友人の陶山《すやま》篤太郎（詩集『銅牌』の詩人、政治家）は「放っておき給え。僕などは、家賃を二十六ヶ月ためている。おなじ長屋の連中がそれで気をつよくして、有難がっているので、いまさら払うわけにはゆかなくなったよ」と励ました。まるで落語みたいな世界だが、大家はたまったものじゃないだろう。

しかし光晴は再三の大家からの催促攻撃を気に病んでいた（それが普通である）。そしてとうとうある夜、夜逃げをしたのである。すべて長兄の計らいで、用意されたトラックに家財道具とともに乗りこみ、次に移り住むのが「京王線笹塚から右へ入って谷一つ越えてむこうの丘の、中野雑色《ぞうしき》という新開地」だった。「雑色」は今や消えた町名で、現在の中野区南台五丁目あたりを指すようだ。同地に「中野区立雑色子どものあそび場」という公園があり、「雑色」の名が残されている。京王線「笹塚」駅まで直線で一キロぐらいの距離か。

この頃、光晴は何をして稼いでいたか。『どくろ杯』によると、もっぱら講談社の雑誌の埋め草原稿を書いて、原稿料を得ていたようだ。しかし、当時団子坂にあった講談社までは歩いて電車賃を倹約していた。ちょっと話が長くなったが、ついでに当時の交遊関係のエピソードも拾っておく。興味をもたれたら、ぜひ現物『どくろ杯』を読んでいただきたい。私が今手にしているのは中公文庫の昭和五一年五月刊の初版。ロングセラーとなり、現在でも新刊で入手可能である。

日本野鳥の会創始者の中西悟堂。「坊主あがりの野放図な男で、穀食を断って、松のみどりをちぎって常食にしていた」。田舎道を歩いていて、葉に止まる青蛙を見つけると「にぎりずしをつまむような手つきで」ぺろりと食べた。

岡山出身の、こちらも坊主あがりの詩人・赤松月船《げっせん》は「食うものがないと、一家、断食をした」。それを坊主仲間では「釜を洗う」という。こういう野放図な自由人たちの話を読むとグルメやダイエット、サプリメントを飲んで……という現代の生き方がバカバカしくなる。

まあ、きりがない。これぐらいにしておこう。金子光晴が住んだ「中野雑色」へは、いずれ訪ね、散策しようと思っている。

一九一七年の流行語

本格的な蔵書処分が進行中で、知り合いの古本屋さんに来てもらい、これまでに続けて四回ぐらい大量に本を売った。五回めも準備中。うず高く本が積まれて通行不能になっていた通路が開通し、階段の両側を埋めた本の塔も消えた。床にはみだした本もどんどん処分。一万冊近くは減ったか（数年後の現在は元のもくあみに）。

なにしろ、過去一〇年ぐらいは見ても触ってもいない本棚があり、それは一〇年間必要としなかったのだからないのも同然だと割り切り、あっさり放出することにした。惜しい本もあるが、それぐらいの荒療治をしないと、とても数万冊で埋まって身動き取れなくなった死せる蔵書は生き返らない。

積み上げられた本の塔を崩していくのは、遺跡の発掘作業に似ている、時々、思いがけないものに出くわし、やっぱりこれは残しておこうと脇へはじく本もある。新書を一回り小さくしたサイズの服部嘉香《はっとりよしか》・植原路郎《うえはらろろう》『新しい言葉の字引』（実業之日本社）もそんな一冊。大正七年刊（一九一七年）の増補改訂版で、奥付を見ると私が所持する大正一二年一二月二〇日刊までに七五版の増刷を重ねている。大正八年には二三回の増刷を重ね、米粒のようなデータがびっしり並ぶ。一カ月に二回のペースでの増刷。本当かしらと疑いたくなる。

著者の一人、服部嘉香は一八八九年生まれの詩人、歌人、国語学者。「作文」「模範作文」の実用書を多数執筆している。五〇〇ページ超えの『新しい言葉の字引』は見出し語に簡略な説明を加える。半分以上は外来語で、そのうちほとんどが「英語」だ。大正期に日本で外来語が氾濫していたと考えられる。太平洋戦争にそれはシャッターアウトし、戦後に爆発的に蘇る。同様の「新語」の字引、解説書が氾濫する。

この本の需要が発生した大正期、たとえば一九一五年を『知っ得 明治・大正・昭和 風俗文化誌』（學燈社）で引くと、この年パーマネントが流行。「カフェの女給のエプロン姿があらわれる。女子学生にブルマーが普及。銀ブラという言葉が使われはじめ、米国製のチューインガムが発売」と、たしかにカタカナ言葉が多い。本が出た一九一七年には「外国からの遊覧客が急増してホテルが満杯になる」とある。「ガーゼ」「キャラメル」「タイプライター」「ピクニック」と外来語が定着し、一般人でも対応が求められたのである。

『新しい言葉の字引』にはたくさん付箋が貼ってある。貼ったのは私で、これを求めた頃、少し研究したらしい。外来語より、当時人々が使った「流行語」の類に目が行く。たとえば「浅草式」。現在では意味が分からなくなっているが、大正期には「野卑低級、強烈な色彩で人にあくどい感じを与えたり挑発的な気分を与えること」（新字新かなに改めた。以下同様）。当時の「浅草」がどのような街だったか、流行語から想像される。「新しい女」は「青い酒を飲み自由恋愛を論ず、通俗には教育あるハイカラ風の女」を指す。「アル中」は「アルコール中毒を略していう一種の新流行語」。現代の「ドタキャン」のように略して言うやり方はすでに大正期にもあった。

谷崎潤一郎『蓼食う虫』を読む

これはまさしく「大人の小説」で堪能した。材料を吟味し、しっかりした下ごしらえを経て、名料理人が腕を奮った料理、という感じであった。和食に洋食のスタイルが加わって不自然でない。目でも愛《め》で、舌に転がして風味を味わう逸品。さすがは大谷崎である。

私は谷崎のよい読者ではない。もちろん『細雪』は読んでいる。「刺青」ほか初期作品、『春琴抄』も目を通しているし、『猫と庄造と二人のおんな』は大傑作だと思う。しかし、全体に「悪魔主義」「耽美主義」といった谷崎に貼られるレッテルが、作品に入れ込むにあたって邪魔してきた。まあ、そんなことはいい。とにかく『蓼食う虫』は大いに気に入って、新潮文庫の扉の空白部分に自分流のインデックスを作って楽しんだ。

まずはデータから。一九二八年一二月より「大阪毎日」「東京日日」両新聞に連載された。挿絵は小出楢重《こいでならしげ》。単行本は一九二九年に改造社から出ている。谷崎は関東大震災で被災し、一九二七年に関西へ移住。そこで永遠の女性・根津松子と出会う。二九年に妻・千代を和田六郎（のちの大坪砂男）へ譲る話が持ち上がり、これは佐藤春夫が加わることで壊れる。つまり一連の「細君譲渡事件」が起きた。

この波乱の時期に、谷崎は『痴人の愛』『卍』『春琴抄』と作家としてピークを作る仕事をし、「細君譲渡事件」が直接反映した『蓼食う虫』もその高揚期の中で生まれた。この時、谷崎は四十を少し過ぎたばかり。気力が充実した筆運びである。

斯波《しば》要《かなめ》と妻・美佐子がメインの登場人物で、二人の関係は冷え切り、性的交渉も絶えている。いつ離婚してもおかしくない。小学四年の息子はなんとなくその空気を察している。要は神戸の娼館に混血のルイス、美佐子には須磨に住む阿曽という恋人がいる。互いの了解のもと不倫関係にある。美佐子の愛人は阿曽という姓より、もっぱら地名の「須磨」で呼ばれ、そこに『源氏物語』を匂わせる仕掛けがあるのだろう。

ただし、この夫妻の存在感はどうも希薄だ。もと東京人の要には父からの遺産があり、会社重役の身にあるようだが、ひんぱんに出社しているふうでもなく仕事の話は出てこない。夫としても親としても愛情は感じられない。それは美佐子も同じで、映画化されれば典型的な二枚目と美女をあてがっておけばいい。私は何となく、池部良と淡島千景を想像しながら読んだように思う。

このカップルに代わって物語に存在感を示すのが美佐子の義父。京都に住む。「鹿ケ谷の方に隠居所を作って茶人じみた生活をしている六十近い年寄り」。先のキャスティングに合わせれば山村聰か。親子ほど年の違う妾・お久をつねに手元におき、愛玩している。まだ性欲はあり、艶めかしい関係だ。実の娘である美佐子は父を忌避するきらいがあり、むしろ要が接近していく。この関係がおもしろい。

義父は浄瑠璃見物に凝り、淡路まで出かけたりもする。その淡路行きに要も同行し、人形芝居の面白さにはまっていく。文楽における人形と人形遣いは、そのままお久と義父の在り方を思わせる。この前代までの上方における文楽の浸透ぶりは、私など実感できないがかなりのものであった。上方落語には「軒付け」「寝床」「胴乱の幸助」と思いつくままでも浄瑠璃ネタの演目が挙げられるし、織田作之助『夫婦善哉』にも、蝶子と柳吉が素人浄瑠璃に凝り、素義大会に出る場面があった。

上方の商家の旦那衆が、現代ならゴルフに興じるように、浄瑠璃を嗜みとした。『蓼食う虫』には、やや過剰と思えるほど人形芝居への傾斜が長々と書き綴られている。文楽が分からなければ、上方の演芸も小説も、本当のところは理解できないのかもしれぬと、やや反省の日々である。

裸本の魅力

ネットや目録における古書の状態を示す表現に「裸本」がある。「はだかぼん」もしくは「らほん」と読む。私はもっぱら後者で呼ぶ。本は「本体」にジャケット（カバー）及び帯、あるいは箱（古書業界では「函」という文字を使う）に包まれている。「裸本」とは、人間の肉体で言えば衣裳をつけず「裸」の状態を指す。知らないで、初めてその表示を見たら「裸本ってあのエロな写真集のこと」と思われるかもしれない。

ネット販売が勢いづくなか、本の状態に客がうるさくなり、新品同様を求めるようになった。「経年のヤケあり」なんて昔の古書目録ではあまり見なかった気がする。当たり前だもの。全般に本が売れないこともあり、そうなると少しでも状態の悪い本は極端に値が下がる傾向が続いている。カバーや函なしの本が店内に並ぶことは少なく、均一で一〇〇円というケースが目立つ。あるいは、商品にならないので廃棄されているか。

私もカバーや函、帯があるならあった方がいい。裸本を好む、というほど粋人ではない。ただ、この一年で一万冊ほど蔵書処分をしてきた過程で、あきらかに値がつかない裸本は残してきた。裸本が手元に残るようになると、不思議な話だが、別の愛着がわいてくる。カバーや函を失って「素顔」になった本が、それなりに味わい深いと感じるようになったのである。

古本屋の店頭均一でも、わざわざ裸本を買うということは長らくなくなっていたが、つい先日、そのたたずまいに魅せられて一〇〇円＋税で買ったのが窪川稲子『扉』（昭和一六年・甲鳥書林）。女性がソファにもたれかかる絵が表紙にあって、タイトル一字は赤で「扉」とシンプル。これが何ともいい。装丁者のクレジットはなし。検索すると、もとは函があって、完品なら三〇〇〇円から四〇〇〇円台の古書価がついている。裸本でも二五〇〇円。

著者・窪川稲子はのち佐多稲子となる昭和を代表する女流作家で、出自はプロレタリア文学だが、広範に読者を持つ。稲子の本姓は田島。窪川はプロレタリア文学の闘士・窪川鶴次郎との婚姻時代の姓。本来ついている函には、中央に「扉」の一字があるだけ。だから本としては、函なしの方がデザイン的には良好、という逆転現象が起きている。

そこであることを思い出した。私がかつて自著を出版したばかりの頃のこと。懇意にしている編集者に、できたばかりの一冊を目の前で贈呈した時、彼はまず奥付を見て、それからカバーをはずした。四方から本体を眺めると、「なかなかいいですねえ」と言ったのだ。いかにも本造りのプロである編集者らしい。

私も同様のことをよくする。たいていは、本体の表紙には何もなく、背にタイトルが印刷されているだけのものが多い。しかし、ときに本体表紙にも意匠がほどこされている場合がある。編集者および装幀者の趣味性がそこに表れる。

裸にした本にも味わいや魅力がある。蔵書処分をするなかで、改めて気づいたのでお知らせしてみました。

井伏鱒二作品を映画化するとしたら

久しぶりに川島雄三監督『貸間あり』(一九五九)をテレビで視聴した。原作は井伏鱒二の同名タイトルで、脚本は川島と藤本義一が共同で担当。川島の名作『幕末太陽伝』と同じく、エネルギッシュな群像劇である。

なんといっても古本好きには、冒頭、千日前時代の「天牛書店」が遠景ではなく、ばっちり正面から映る点で掲揚すべき作品なのである。ケチな裏稼業に徹するチンピラの藤木悠が市中で追いかけられ、身を隠すために飛び込んだのが天牛書店。ここで怪しげな大学受験生の小沢昭一と遭遇する。これが話の発端だ。

創業明治四〇年の天牛は、一九四九年に千日前店を出し、拡張移転で一九六八年に道頓堀角座前へ。私が初めて行ったのもこの店である。まだ小学生だった。家族で道頓堀へ遊びに行ったとき、立ち寄ったのだろう。父親も本好きの人だった。手塚治虫『0《ゼロ》マン』を買ってもらったのがここではないか。

そこで映画『貸間あり』は、通天閣を見下ろす上町台地に建つ大きな屋敷へと舞台が変わる。この屋敷が「貸間あり」の札がぶらさがったアパートなのである。住みつくのはみな得体の知れない人物ばかり。主役で住人のまとめ役がフランキー堺。四か国語を操り、原稿書きや桂小金治を弟子にこんにゃく造りを生業にしている。名は与田五郎。

この五郎を中心に入れ替わり立ち替わり屋敷を出入りする者たちを、騒々しく描く群像劇なのである。同じフランキーと川島のコンビによる名作『幕末太陽伝』を現代に移した大阪版といってもいい。

ところが原作者の井伏はこれを気に入らず、試写が終わると憤然と席を立って帰っていったという。私は原作を読んでいないので比較のしようがないものの、井伏の気持ちは何となくわかります。あまりに下世話でばかばかしく、一瞬たりとも停止しないバカ騒ぎが全体を占め、原作者はうんざりさせられたのではないか。

私は傑作とはいわないまでも、じつに川島らしいカーニバル的演出として面白く見た。とくに、どうみても大学受験生には見えない小沢昭一が、しつこくフランキー堺に替え玉受験を頼むあたりなど、思い出してもおかしい。しかし、全体に品がないのは事実である。そのあたりを井伏は気に食わなかったようだ。

私はちょうど、初期作品集となる新潮文庫『山椒魚』を読み返していて、「掛持ち」という短編に着目した。昭和一五年（一九四〇）四月『文藝春秋』に発表。同年同月、「へんろう宿」が『オール讀物』に、前年には「〈ruby〉多甚《たじん》古村《こむら》（一）」「大空の鷲」を執筆し四〇代初めの井伏は脂がのっていた。なお、「多甚古村」以外はすべて『山椒魚』に収録。

「掛持ち」とはこんな話。甲府の湯村温泉の宿「篠笹屋」に勤める喜十さんは、ここで団体客が押し寄せる繁忙期を勤め、客がいない時期を暖かい伊豆・谷津温泉「東洋亭」へ移って働く掛持ち番頭である。

　ところが「篠笹屋」では役に立たない喜十さんとして「阿呆扱い」されるが、「東洋亭」では「気のきいた粋な番頭さん」として「内田さん」と呼ばれた。

「彼は伊豆と甲州を往復の途中、誰にも秘密にいつも熱海の宿屋に一泊して、甲州湯村に向うときには三助風に、谷津温泉に向うときには紳士風に衣装がえするのである」

　一人の人間が姿かたちは同じながら、二重の人格として生きる。ちょっとした「ジキルとハイド」の設定が面白いし、またここから思わぬドラマが生まれる。

　というのも、東洋亭で「内田さん」として勤める彼を「篠笹屋」の客に見つかってしまう。

「でっぷり太った男が鮎釣りの支度をして、大きなリクサックを背負い、にこにこ笑いながら立っていた」というから井伏鱒二を思わせる（宿帳に井能定二、職業は文筆業と書く）。この客は「湯村の篠笹屋の番頭さんじゃなかったかしら」と正体を見破ってしまう。

ここから起きる小さな混乱（喜十さんにとっては危機）をコミカルに描いた作品が「掛持ち」である。私は読んですぐ、これは映画になるなと思い、配役を考えてみた。掛持ち番頭の喜十は藤原釜足か三木のり平。釣り客の作家はフランキー堺、もしくは森繁久彌。そうなるとこれは「東宝」だ。外国人コーチにはＥ・Ｈ・エリック、カフェの女給は淡島千景と俳優の顔を思い浮かべて悦に入っていたのである。

ところが、もしかしてと井伏鱒二原作の映画化を調べてみたら、なんと『風流温泉　番頭日記』（一九六二）のタイトルですでに映画化されていた。やはり東宝作品だった。私は未見。配役は喜十が小林桂樹、井能先生を志村喬、女給は司葉子。三木のり平も出演している。いや、これはまいりました。

そう考えると、意外にも井伏鱒二作品はけっこう映画化されている。順に並べると、『秀子の車掌さん』（原作「おこまさん」）、『本日休診』、『東京の空の下には』（原作「吉凶うらない」）、『集金旅行』、『駅前旅館』、『貸間あり』、『珍品堂主人』、『風流温泉　番頭日記』（原作「掛持ち」）、『黒い雨』と九本もある。

思うに、井伏の作品は西洋近代の心理小説のごとく、緊密な構成を持たない。随筆に近い筆法で、余白を残しつつ、ユーモラスな叙述で人物を自由に動かす。油絵と水墨画の違い、と言ってもいい。映像の作り手（監督、脚本家）にとっては、その「余白」をわりあい自由に埋め、手を加えることができるはず。井伏に映画化作品が多いのも、そんな背景がうかがえるのだ。「掛持ち」がダメなら、たとえば『山椒魚』（新潮文庫）収録のほかの作品はどうか。「屋根の上のサワン」あるいは「朽助のいる谷間」をドッキングさせて一本にと考えると、なんだか楽しくなってきた。そういえば、傷ついた白鳥を保護し、やがて空へ戻すというプロットはＳＦにすれば『Ｅ．Ｔ．』だ。随筆ふうでありながら、実は空想の産物という名品「へんろう宿」も、三老婆の回想をふくらませればいい作品になりそう……。

こうして勝手に小説を映画化する妄想は、じつに金のかからない遊びなのである。

京都で買った中山康樹『ジャズメンとの約束』

二〇二三年の暑い夏、八月初めに京都へ行ってきた。『望星』（東海教育研究所）という月刊誌の依頼で古本特集をまかされ、目次を企画立案、その中で京都「古書善行堂」インタビューを担当することになった。コロナの渦中は遠慮していたから、少なくも京都へ行くのは三年ぶりぐらいだ。

一泊は取材費でホテルを使い、善行堂宅でもう一泊すると決めて、せっかくの京都だからあちこち行こうと考えたが、あまりの暑さに気持ちが凪いだ。京都には、学生時代を含め七、八年を暮らしたが、夏は暑く、冬は寒いのが極端な土地だった。京都へ来たからには、左京区の京都大学近くで一人暮らしする母親を見舞おうと最寄りのバス停を調べたら、「二〇六」系統しか行かない。京都駅のバスターミナルで当該のバス停へ行くと長蛇の列だ。うわあ、まいったなと思う。

それもそのはず。この路線は清水寺への観光ルートになっているのだ。仕方なく混雑するバスに乗ったが、時間帯や土日になると乗りきれず積み残しが出るという。とにかく京都はインバウンド需要に京都人気が加わり、いまや大変なことになっているのだ。

それでもぶじに母親の顔を見て、「古書善行堂」のインタビューも終えた。翌日、ぽっかり空いた一日を、「青春18きっぷ」一回目を使って京都駅から福知山へ向かう。この交通の要衝にして古き城下町に、「モジカ」という古本カフェができているのを知り、訪ねてみたのである。京都駅で山陰本線に乗り込み、嵯峨嵐山、保津峡《ほづきょう》、亀山などを経由して園部で乗換。福知山までは約二時間の行程であった。

途中、山間を走り、トンネルを抜けて、高度を上げつつ野や川を下に見る車窓は旅気分を十分に味合わせてくれた。その晩は善行堂邸に泊めてもらう。翌三日目は、ふたたび「青春18きっぷ」を使って岡山の古本屋巡りをしようと事前準備をしていたが、これも暑さのために断念。昼の新幹線でおとなしく帰還することにした。「お前さん、決してもう若くはないよ」ともう一人の自分に告げるのだった。

指定を取った「のぞみ」の出発時間まで、午前中、少し時間が空いた。それなら古本屋だと(思うところがえらい)、京都駅への通過点となる四条河原町でバスを下車。河原町通りの南側、高島屋と藤井大丸に挟まるかたちで寺が林立している。その西側、南北を貫くのが寺町通りで、なぜかここに電気店が集まり「寺町電器店街」と呼ばれていたが、現在は多くが撤退した。

ここを少し南へ下がると、「三密堂書店」「大観堂」と二軒、昔ながらの古本屋があるのだ。ここへちょっと寄っていきたかった。ところが「三密堂」の看板が行く手に見えたあたりから、二〇人近くの行列が視野へ入ってきた。しかも大半は外国人旅行者。「三密堂」がインスタ映えとかなんとかで人気急上昇したのかと思ったら、これは隣りのラーメン店（「麺屋猪一」）の客であった。まあ、そうだろうな。

あまり時間がなかったので、「三密堂」「大観堂」は顔を出す程度の滞在。どうこう言える知見はなく、行ったことだけ報告しておく。それでも「三密堂」の店頭均一では、何か一冊ぐらいは買いたいと、文庫を拾う。それが今回ご紹介する中山康樹《やすき》『ジャズメンとの約束』（集英社文庫）。一〇〇円だった。帰りの新幹線で読もうと思ったのだ。手に取るまでは意識の中になかった、思いがけない買い物であった。一冊との出会いは、どこでどう待ち受けているかわからない。また、それが面白いのである。

中山康樹は大阪出身で長らく『スイングジャーナル』編集長を務め、独立後ジャズやロックの評論家となった。著書は多数。とくに各社の新書レーベルをほとんど網羅、といっていいほど入門書的なジャズ本を書いている。『超ジャズ入門』『超ブルーノート入門』（共に集英社）といったタイトルからわかるだろう。

中山の書くジャズ本はけっこう持っていたが、ある時、ジャズ関連の蔵書をまとめて売ってしまった。ジャズは読むものではなく聴くものと思ったからだ。それでも本書のカバー解説には

「ジャズ界伝説のプレイヤーたちの知られざるエピソードを集めた一冊」とあり、そそられた。そして、弁当とビールを買い込んだ「のぞみ」車中で、新横浜を通過するあたりまで夢中になって、読了してしまった。いつも楽しみにしている、新幹線車窓からの富士山をチェックするのを忘れていたほどだ。

最初の「フレッドの日課」がいきなりいい。マンハッタンの中古レコード店主のフレッド・コーエンの話。彼の仕事は早朝の新聞を広げるところから始まる。目に鋭さが増すのは「訃報」欄。次々と人物名を抜き出し、年齢と場所でターゲットを絞り込む。そしてかたっぱしから遺族に電話をかけるのだ。友人のふりをしていつものセリフを口にする。

「ご主人、ジャズのレコードをコレクションされてはいなかったでしょうか」

ちょっとした短編小説の味わいがあるのは、著者が意識して、事実をうまく構成しているからだ。落ちに至る鮮やかさと手際のよさが全体を支配して、素敵な読み物となっている。

モダンジャズの歴史を作った輝かしいレーベル「ブルーノート」の創立者アルフレッド・ライオンの生涯を、エピソード中心に短くまとめた「ライヴ・アット・ザ・ヴィレッジ・ヴァンガード」も知らない話ばかりだ。

ロックの話題もある。「ハーモニカが〝大〟のつくほど嫌いだった。／たったそれだけのことで人生最大の失敗を冒した男がいる」と書き出されるのは「人生最大の失敗」。男の名はデイヴ・デクスター・ジュニア。キャピトル・レコードのプロデューサー。彼の輝ける眼力にかなったミュージシャンは優先的に契約が結ばれ、必ず成功した。

そんな彼が、売り込みのあった無名グループを無視する。「変わった音楽」だったことは認めるが、たった一点、「ハーモニカ」が使われているのが気に食わなかった。彼は「ハーモニカ」が使われる音楽を我慢ならなかった。そして持ち込まれた三枚のシングル盤の発売権を放棄した。ボツにした曲とは「ラヴ・ミー・ドゥ」「プリーズ・プリーズ・ミー」「シー・ラヴズ・ユー」。つまりビートルズだったのだ。

この本をいかに熱く読んだかの証左に、巻末に挙げられたおすすめの名盤三〇のうち、ポール・デスモンド『明日に架ける橋』をすぐさま、アマゾンで注文した。サイモン&ガーファンクルの曲を、ジャズアレンジでカバーする。これが数年ぶりのアマゾン利用であった。

なお、中山康樹は二〇一五年にがん闘病の果てに逝去。享年六二。そのことも今回、この原稿を書くまで知らなかったのだ。

少年コミックスの単行本が欲しかった

いま目の前にあり、ここ数カ月、手が届く場所にあるのが、手塚治虫『ふしぎな少年』①（小学館）だ。変な話だが、六十を過ぎてうれしかったのだ。その理由を以下、説明することにしよう。

どこから始めようか。まずは、これが子どもの頃、欲しかったけど買えなかった本だということ。サイズは現行の少年コミックスとほぼ同じ。奥付によれば昭和四四（一九六九）年七月一〇日発行で価格は二四〇円だった。昭和四四年七月は、昭和三二年三月生まれの私が一二歳。早生まれなので中学一年生だった。この頃、マンガとの付き合いはほぼ週刊の少年雑誌（『少年マガジン』『少年サンデー』）に限られて、単行本を買うことはほとんどなかった気がする。理由は簡単で、マンガ単行本は高かった。

『ふしぎな少年』①の定価が二四〇円というのはすでに書いた。これが当時の物価に照らし合わせて、どれぐらいのものだったか。ある資料によると、昭和四四年の物価は、あんぱん二〇円、カレーライス一三〇円、コーヒー一〇〇円、週刊誌七〇円、大卒公務員初任給が三万一〇〇〇円であった。厳密に比較することは難しいが、物価の変動に照らして、現在、だいたい六〜七倍の上昇と考えてもいいだろう。

本の値段はほかに比べて上昇率が低いことを塩梅し六倍としておく。それでも『ふしぎな少年』①の二四〇円は、現在なら一四四〇円ほどに相当する。中一（枚方市立第四中学校へ通学）坊主にはやっぱり高い。お年玉など、臨時の小遣いをもらわなければ手が出なかったろうと思う。マンガを置く古本屋なども、その頃近くにはなかった。

今ならどうだろう。少し検索してみたが、ほぼ同サイズの少年コミックスの定価は、五八〇円から七八〇円（出版社やページ数によっても異なる）ぐらい。こちらは二倍から三倍くらいにしか上がっていない。それなら昭和四四年の二四〇円は、だいたい相場に見合っている。

当時、いくらで買えたか。それが子どもにとって、どれぐらいの経済的重みがあったかは、大切なことだと思うのでややしつこく記した。

そんなわけで、五〇数年前なら手が届かなかったマンガが、現在なら易々と買える。しかも今回、古本屋の店頭均一で買った値段は一〇〇円だった。飛びつくな、という方が無理だろう。じじつ、値段の問題を越えて、非常にうれしかった。欲しいけど手が出ない少年期の怨念を払拭した思いだ。

私が初心者を前に古本の面白さを説くとき、必ずと言って提言するのが、子どものころに熱中した本との再会だ。子どもの頃に読んだ本は、成長ののち親の手で捨てられるなど処分される。引っ越しが重なる場合はなおそうだ。親は実家に残した子どもの本を重視しない。落書きしたり、乱暴に扱ったりで、いい状態で残らないことも分が悪い。

現在、昔の絵本や児童書で品切れ、絶版になったものに高値がつくのはそのためである。三島由紀夫は戦後文学のなかで、一時期、初版本が高騰した作家だが、現在は一部の稀覯本を覗き、古書価は落ち着いている。依然として高値がつくのは、三島が書いた児童書だと神保町の古書店主に聞いたことがある。

「ふしぎな少年」についても触れておこう。これは手塚治虫が一九六一年五月から六二年一二月まで月刊誌『少年クラブ』に連載。一九六一年四月から六二年にNHKテレビでドラマ化されている。原作マンガの方が遅いと思うのは錯覚で、雑誌の「〇月号」は実際の販売より一か月近く早い。つまり、原作とドラマはほぼ同時に始まった。テレビドラマ化のアイデアが先行し、それに合わせて手塚がマンガにしたという説もある。

サブタンとみんなに呼ばれる小学生（大西三郎）が、ある日、時間を停める超能力を得る。その際「時間よとまれ！」と叫ぶのだが、これは当時、子どもの間で流行語となった。路上で野犬に出くわした、宿題を忘れていたなど、何か困ったことに遭遇すると「時間よとまれ！」とサブタンのごとく叫ぶ。しかし現実は止まってくれず、そのまま情けない思いで進行するのだった。マンガでは、最初に「神かくし」という古来の迷信めいた話が紹介され、ついでサブタンを使って「四次元」について科学的解説がなされる。荒唐無稽なＳＦマンガが多い中、この点、もともと理科系の手塚治虫はリアルであった。この時間を停めるというアイデアが大変面白く、本当にそんなことができたらという妄想も含め、子どもたちを夢中にさせたのだった。マンガは月刊誌で、ドラマは毎週放送だから、ドラマへの比重が大きかった気がするが。

そして一番大切なこと。作品としての「ふしぎな少年」は、その後何度か版を変えて刊行されている。なんといっても講談社の『手塚治虫漫画全集』があるし、文庫にもなった。作品そのものとの再会については、何も不自由はなかったのである。私の興奮は、だから作品との再会にはなかった。あくまでゴールデンコミックスと名付けられ、講談社版より前に「手塚治虫全集」と銘打った小学館の昭和四四年版を入手することが重要だったのだ。

写真図版で掲げた書影のカバーを見ていただきたい。サブタンを黒地、水色ライン抜きであしらい、中央を黒帯で分割するように「O.TEZUKA」と彩色された文字が横断する。下半分は水色地を敷いて、縦に「手塚治虫全集」と「虫プロ」マークのみ。じつに斬新なデザインでかっこよい。全体に「黒」の使い方が効果的だ。現在のコミックスカバーにおいても、これほど大胆なデザインは見当たらない気がする。子どもながらにこのカバーが目に焼き付いた。このフォーマットは、小学館「手塚治虫全集」の『鉄腕アトム』を入手したが、同じく踏襲されていた。

ところが、このデザインを担当したのは誰か？　カバー袖、目次の下、章扉の裏、奥付などどこを探してもクレジットがない。一九六九年当時、この手のカバーのデザインを手掛ける人はまだ少なかったかも。また、カバーの装幀者の名を記す習慣もコミックスではなかったかもしれない。しかし、これは現在の目で見ても疑いなく一級の仕事である。

ところで、ドラマ版『ふしぎな少年』でサブタン役に扮した太田博之は、当時、子役として雑誌の表紙になるなど大人気のアイドルであった。ずいぶん月日が流れて、懐かしき名前に接したのは「小僧寿し」チェーンの創業者としてで、意外な転身に驚いたものだ。その後トラブルが発生し、事業からあえなく手を引く。「時間よとまれ！」と言いたかっただろうな。

……って、どうしても落ちをつけなければ済まないのか君は。

詩集を買う、そして読むことについて

古本屋を訪れて、ここはいい店だと判断する基準の一つに、ある程度の分量、詩集が置かれているかどうかがある。たとえひと棚に一列でも、詩集が並んでいると目が吸い寄せられ、しばらく滞留する。あくまで、これは私個人の好みの問題ではあるが。

古本屋や古本市などに出かけて、あまり買うものが見当たらないとき、あるいは少し買いすぎたとき、そこに詩集を一冊でもいいから混ぜることをよくする気がする。まず詩集は体裁として、ほとんどが薄く軽量で、一冊増えても影響が少ないことが大きい。それと、やっぱり詩集が好きで、雑然とした買い物にこれを加えることで引き締めたい、という思いもある。個人的かつ微妙な問題なので、わかってもらえなくてもいいと思っています。

これは過去にも何度か書いてきたことだが、世に読書人とか蔵書家と呼ばれる人たちの中でも、詩集を読む人と読まない人ではっきり分かれる。「本の雑誌」の巻頭カラーグラビアに編集者や作家、読書家などの書庫を写真入りで探訪する人気連載「本棚が見たい！」がある。つぶさに毎

回、隅々まで点検したわけではないにしても、詩集の登場率はきわめて低い。これは同誌がもともと、それまで書評にも上がりにくかったエンタメ、ミステリー、SFの分野を積極的に紹介する性格であったため、どうしてもその筋の人の「本棚」になる。文句をつけるのは変だとわかっている。

しかし、同じ「本好き」と言っても、これほど本棚の表情が違うのかとはいつも思っております。たまたま、手を伸ばせる範囲にあった「本の雑誌」二〇二三年八月号の「本棚が見たい！」は、「本積みマイスターとして名高い書物の帝国」氏。本名は明かされていないが、知る人なら、ああ、あの人とすぐわかるのだろう。「中公新書マニア」でもある。「自宅のほか、実家、勤務先の大学の研究室の三か所に本棚を備える」という強者だ。全四ページの画面を圧するのは本、本、本。手すりが見えるから二階かと思われるが、すべての部屋を本棚と床に積み上げられた本が埋め尽くしている。

写真に登場する本棚がすべてではない。だから、断言はできないが、見るところ詩集を集めた棚はなかったようだ。だからどうした、という話だが、私など詩集好きにはちょっと淋しい気がする。もっと蔵書量は少なくても、本棚の隅っこに一〇冊、二〇冊と詩集が見えるだけで、安心してしまうのである。

詩集を買うという行為の中に、買ったばかりの本をそのあと、喫茶店へ入って広げ読みたい気持ちがすでに含まれている。買った本をすべて読むわけではない。点検する思いで、パラパラとページをめくってみる。これが私の読書生活において大切な時間であることは、これまでにも何度か書いた。その折りに、詩集ならたいていい一編は短いから、二、三編を読むことは可能である。一冊丸ごとを読んでも大して時間はかからない。ただし、詩を読むことは集中力を要するので、なかなか丸ごと、とはいかない。アイスティーにレモン汁を二滴、三滴落とす感じの読書となる。

新保啓《しんぼけい》『朝の行方』（思潮社・二〇一九）を買ったのは、そんなに以前の話ではなく、ここ半年ぐらいの間、西部古書会館の即売展だったと思う。二〇〇円ぐらいだった。なにしろ未知の詩人で経歴もわからなかったが、見た目でのある種の勘が働いて購入した。もちろん詩集としての瀟洒《しょうしゃ》な装幀、タイトルにも心を許したのだと思う。これが『ジギタリスとゲシュタルト崩壊の忌まわしき関係』というタイトル（架空です）なら手が出なかった。いや、逆に手が出たか？

それと本棚の前に立って、目次を見たとき「朝の行方」「水の上」「きれいになった水平線」「水族館で」「池の夏」と、並ぶ言葉が平易で心優しく、これならと脇に抱えたのだ。これがもし「ジギタリスと」って、もういいですか？

お気に入りの喫茶店「高円寺茶房」へ移動して、コーヒーを待つ間、少し落ち着いて詩集に対したとき、「経歴もわからなかった」と言うのは見落としだと判明。帯に小さく「一九三〇年、新潟生まれ。詩誌『詩的現代』『詩彩』などに詩を発表」云々とあった。作品をいくつか読んで、年輩の方とは想像できたが、この詩集を出した時すでに九〇を目前、とは驚いた。「海に近く、雪深い」（帯文）土地で、自然と季節に対しながら、静かに沈潜していく心境が柔らかな筆致で綴られ、大変好ましい。

表題作の冒頭部はこんな感じ。

「朝と昼の区分がよく分からない／どこから　どこまでが／朝なのか／一晩中考えながら／朝を迎えた／／朝にも遅刻はあるのだろうか／遅れてやってきた朝は／きまり悪そうにして／空を曇らせた／昼とのさかいを一層分からなくした／なんてふうに」

勤めや社会からリタイアした人の心境であることがよくわかる。目覚ましをかけて強制的に迎える朝ではない。息の詰まるような駆け引きや猜疑心に飲み込まれた現役世代には持ちようのない余裕と感慨である。それが忙しく生きる者を慰める。二連目ラストの「なんてふうに」というワンクッションも効いている。これは一種の客観化であろう。感慨の垂れ流しは困るのである。

「雨」や「雪」の詩が多い。いかにも新潟在住らしい。雨の日に、たくさん手紙を書いたという作品は、タイトルはそのまま「雨」。少し考えてみるとわかるが、意外に「雨」というタイトルはつけにくい。何か付け足したくなるのだ。その中の一節。

「そんなことが／あったなあ／遠い日／はるか向こうに／思いを馳せる／向こうの草原では／五月の緑が／雨に濡れて／美しい」

表現としての欲や高名心は消され、思ったままの言葉が無理なく並べられている。それはそのままゆがむことなく、読者に転写されるのだ。こういう詩があっていいなあ、助かるなあと、ひと時、アイスコーヒーを飲みながら新保啓の詩集を読み進めた。季節は夏であったが、「五月の緑」が脳に沁みとおっていくようだ。昨日、今日の労苦を忘れ、冷たい飲み物がおいしい。

これこそ、詩集を読む気分である。

００７シリーズとイアン・フレミング

イアン・フレミング『００７／カジノ・ロワイヤル』（創元推理文庫）を読んだ。二〇一九年刊の白石朗《ろう》による新訳。数日前までその気配もなかったことである。これはごぞんじ、００７シリーズの第一作で、一九五三年に元本が出された。昭和でいえば二八年。『経済白書』が「もはや戦後ではない」と述べたのは昭和三一年。日本は戦後の混乱を引きずり、まだ世界に肩を並べる位置になかった。このような国際感覚にあふれた、おしゃれでゴージャスな小説が受け入れられるにはまだまだ時間がかかったのではないか。

日本でちゃんと人気が出たのは、やはり映画化によるものだろう。私のコンタクトもそうだった。映画はおそらく全作を見ているが、原作まで手が伸びなかった。必要を感じなかったのである。だから、今回の読書がイアン・フレミング初体験。

きっかけはやはり映画だった。ＢＳ日テレで数カ月かけて、毎週木曜夜、００７シリーズ二四作を放送するという。いい機会だと思い、毎回を録画（ＣＭ飛ばしができる）して視聴した。直近の二〇一三年九月二八日が二一作目『カジノ・ロワイヤル』。第六代目ジェームス・ボンド役ダニエル・クレイグ初登板にして、ストーリー上でもボンドが初お目見えする回だった。

アクションはより派手で過激になり、冒頭の追っかけシーンで、建設中のビルの鉄骨からクレーンのアームに飛び移り、そこで格闘する。高所恐怖症で暴力沙汰が苦手は私などヒヤヒヤものである。どうやって撮影したのか不安になるほど危険がいっぱいで迫真力に富む。文章でこれだけ目まぐるしい動きを再現するのは難しい。元はいったいどうなっているのか、と原作に向き合ったわけであった。

この派手な傾向は、五代目ピアース・ブロスナンぐらいから顕著になり、CGが駆使されることもあってボンドの不死身ぶりがほとんど劇画化した感じであった。銃弾雨あられでも、ボンドには決して当たらないなどは、ほとんどジョークに近い。これに比べたら、なぜかスキーでの逃走シーンが多かった三代目ロジャー・ムーアなど、どこか優雅であった。

八〇年代半ばと記憶するが、大阪の高校で教師をしていた頃に担当した学年の修学旅行がスキーだった。下見と本番でスキー場へ出かけ、それが私のスキー初体験。本番が終わって、貸切バスでの帰り道。車内のテレビでは007の『ムーンレイカー』(一九七九)がビデオで流れていた。

教師数名で暇つぶしにそれを視聴していたら、飛行機からパラシュートなしで突き落とされたボンドがまさしくロジャー・ムーア。パラシュートありで降下する宿敵ジョーズ（リチャード・キール）と空中で格闘、パラシュートを奪い命拾いをする。ジョーズはそのまま地上へ落下（サーカスのテント）するも、怪我もなく平気。まあ、無茶苦茶である。

それを見ていた年輩の先生が「ほんまにこんなことできるかぁ？」と真面目に感想を述べたので、一同沸いたことを覚えている。言われてみればその通りだが、そこを問わないのがこのシリーズ。不問の掟を真面目に破った先生の発言がおもしろかったのである。

しかし、この荒唐無稽なスピーディな展開こそ、このシリーズの魅力でもあった。ベルイマンはすぐれた映画作家だろうが、スキーの帰りにバス車内で見るには適していない。

ところで、「００７」を、現在は「ダブルオーセブン」と呼ぶようだが、かつては「ゼロゼロセブン」と言っていた気がする。このシリーズの影響下に作られた物語は粗製濫造を含め山と成すが、一九五七年生まれの私に近しいところで言えば、石ノ森章太郎（当時、石森）のマンガ『サイボーグ００９』は、「ダブルオーナイン」ではなく、「ゼロゼロナイン」であった。ところが、００７シリーズの短編集（そんなものがあるとも知らなかった）『００７／薔薇と拳銃』（創元推理文庫※井上一夫の旧訳）の石上《いしがみ》三登志《みつとし》解説によれば、本国のペーパーバック版『ムーンレイカー』の裏表紙には「ダブル・ゼロ」とされている。そして石上は「わが国では当時はみんな『ゼロ・ゼロ・ナナ』ときわめて日本風に呼んでいた」と言うのだ。うーむ、こんがらがっちゃうなあ。
ちなみに歴代ボンド役を並べておこう。
一代目　ショーン・コネリー
二代目　ジョージ・レーゼンビー
三代目　ロジャー・ムーア
四代目　ティモシー・ダルトン
五代目　ピアース・ブロスナン
六代目　ダニエル・クレイグ

おしゃれで酒と女に強く、タキシードを着れば紳士、というボンドのイメージを作ったのはショーン・コネリーであることは間違いない。第一作から五作に出演し、これで一度降りたが、六作目のジョージ・レーゼンビーがあまりに冴えず一作のみで降板。次作でコネリーが再登板している。ほか番外編でもボンドを務めて都合七回。

これに次ぐのがロジャー・ムーアで、八作から一四作の七回とこれに並んだ。より好色、ユーモアを強調した新ボンド像を作った点で、ムーアの功績は大きい。吹き替えでは広川太一郎のイメージが強く、本人の声を聴いても広川の声がダブるほど。

冷戦下というわかりやすい対立の時代、はっきりした悪役に屈することなく最後は勝利するスマートな諜報部員を創出したのがイギリスの作家、イアン・フレミング。この原稿を書くため、にわか勉強で調べた。原作『カジノ・ロワイヤル』もその流れで手に取ったのである。

映画を見てからすぐ原作を読んだわけだが、読む前に想像したより、はるかに原作に忠実な映画化だった。あらすじは、創元推理文庫カバー裏の解説を借りる。

「イギリスが誇る秘密諜報部で、ある常識はずれの計画がもちあがった。ソ連の重要なスパイで、フランス共産党系労組の大物ル・シッフルを打倒せよ。彼は党の資金を使いこみ、高額のギャンブルで一挙に挽回しようとしていた。それを阻止し破滅させるために送りこまれたのは、冷酷な殺人をも厭わない007のコードをもつ男――ジェームズ・ボンド」

007シリーズふたたび

原作を読むために、手っ取り早く近くの図書館から借り出したのは新訳(白石朗《ろう》)で、その後旧訳を、こちらは古本屋で手に入れた。同じ店でポケミス(ハヤカワ・ポケット・ミステリ)版の『007号/黄金の銃を持つ男』(早川書房)と『007/ムーンレイカー』(創元推理文庫)も購入。『カジノ・ロワイヤル』が改訳されたのは二〇一九年。それまでは、早川書房版も含め井上一夫が一手に訳していた。井上訳の初版が一九六三年だから、さすがに様々な点が古びてくる。巻頭近くのボンドの描写で二者を並べてみる。

「ジェームズ・ボンドは、急に自分が疲れているのに気がついた。ボンドはいつも、心身の限界を心得ていて、それによって行動している。おかげでうっかり気をぬいたり、勘がにぶくなったりするような、へまの種になることからまぬかれていられるのだった」(井上訳)

「ジェームズ・ボンドはふいに自分が疲れていることに気がついた。肉体や精神が限界に達したときにはいつでもわかり、その教えにしたがって行動することを心がけている。それでこそ、注

意力が散漫になったり感覚が鈍ったりといったミスの原因を避けられるのだ」（白石訳）

原文を参照して比較する語学力はないが、両者に大きな違いはない、と思える。「へまの種」が、「ミスの原因」に改まっている点は、やや現代的感覚に近いと思えるが、井上訳でもじゅうぶん楽しめるはずだ。

解説は旧版の杉江松恋《すぎえまつこい》の原稿をそのまま踏襲。ただし、私が入手したのは同じ井上一夫訳ながら版を組み替えた新版（二〇〇六）で、それ以前は別の解説だった可能性が高い（ちゃんと調べろよ、という話だが）。そして、この杉江解説が作品紹介として行き届き、すぐれた出来で、われわれ大阪人なら「銭の取れる仕事や」と言うところ。今回は、この杉江解説と入手した他の作品解説、それに丸谷才一の「イアン・フレミングと女たち」（『青い雨傘』文芸春秋）によりかかって叙述する。

007シリーズ愛読者なら当然知っていることばかりかもしれないが、みなさんが私と同じ初心者であることを希望します。

007シリーズの著者については何も知らなかった。『007／ムーンレイカー』解説で厚木淳が文学事典ふうに生涯を祖述している。そこからエッセンスのみ抽出し、他から得た情報も含めて補足するとこうだ。

イアン・フレミングは一九〇八年にイギリスで国会議員の父を持つ家庭に生まれた。名門大学へ進学するも中退、一九二九年から数年、ロイター通信の記者を務めベルリン、モスクワへ。ここで国際感覚を身に着けたか。のち、銀行、証券会社勤務を経て（経済にも明るい）、一九三九年からタイムズ紙特派員としてモスクワに赴任。007シリーズの物語にロシアがよく登場するのは、経験から国内事情をよく知っていたからである。そして大事なのは、タイムズ時代に海軍情報部長として第二次大戦に参戦したことだ。「情報部」とは、つまり007の世界である。ただし、世界を牛耳ようとする誇大妄想狂の秘密基地に乗り込み爆破し、美女とスキーで逃走するような冒険はなく、もっぱら事務仕事であった。それでもここでの見聞と体験が、派手なスパイ小説の源泉になったことは疑いない。

イアン・フレミングはなぜかずっと独身（ただし丸谷才一によると、よく女にもてた）で、一九五二年にアン・ジェラルディーンと結婚。もう四〇代半ばでこれが初婚。妻のアンは伯爵夫人の時代から男女のつきあいがあり、しかも、貴族の娘と二股をかけていた。このあたり、自身の恋愛も派手である。

そして一九五二年に書き始めたのが『カジノ・ロワイヤル』であった。この年、著者は四四歳になるから、ずいぶん遅咲きの作家デビューである。そして、ほぼ毎年一作ずつシリーズを書き上げ、『黄金の銃を持つ男』が最後の作品となる。一九六四年のことで、厚木解説によれば同作を「校正中に心臓麻痺で死亡」したという（毒殺ではあるまいな）。短い作家生活だったが、六〇年後にも映画化が継続されるほど、長い人気を持続できた。「趣味は初版本蒐集とヤスによる魚取り、カード、ゴルフ（ハンディ9）」。

小説を書かなくても十分、波乱に満ちたうらやましい人生だったようだ。一九六四年といえば「007」シリーズの映画は、第三作『ゴールド・フィンガー』まで公開されている。いずれもボンド役はショーン・コネリー。原作者はこのボンドを気に入っただろうか。映画の成功も知った上での死だったらしい。杉江松恋はこう書く。

「当初は著者のイアン・フレミングも、ボンドを『一介の野暮な公務員』としてしか認識していなかったという。ボンドが偶像化されたのは、シリーズに熱中した読者の後押しがあったためなのである。六〇年代に入ると次々に原作が映画化されたため、さらに超人化は進展した」

つまり、映画の人気と増幅されたキャラクターに引きずられて、読者の要望に応えるようにシリーズ作品を書いていた。しかしこれは作家の在り方としては幸福ではないか。

危険をつねに背負いながら、ボンドの生活もまた優雅で幸福だった。たとえば朝食。

「水のシャワーを浴び、空を見晴らすテーブルにつく。美しく晴れわたった空を見ながら、大ぶりのグラスに半分ほどのよく冷えたオレンジジュースを飲み、ベーコンを添えた卵三個のスクランブルエッグを食べ、ブラックコーヒーをダブルで飲む。それから、この日最初のタバコに火をつけて（以下、略）」（『カジノ・ロワイヤル』）。

こいつはうまそうだ。卵三個はコレステロール値を考えると、医者には止められそうだが……。

どんなに危ない目に遭っても、ボンドに決して死が訪れぬことを読者は知っている。危険は人生の増強剤だった。いつも名車を駆って事件と美女の待つ次の任地へ向かう色男がボンド。うらやむところだけ、読者はうらやめばいいのである。

届かぬ夢のおすそ分け。それも、読書のいいところである。

鶴見線ツアー

「去年の夏頃の話である。マグロと恋愛する夢を見て悩んでいたある日、当のマグロともスーパージェッターとも判らんやつから、いきなり、電話が掛かって来て、ともかくどこかへ出掛けろとしつこく言い、結局海芝浦という駅に行かされる羽目になった」

これは笙野頼子《しょうのよりこ》『タイムスリップ・コンビナート』巻頭の一節。かなり唐突で、謎を多く含む文章だ。しかし、これが笙野の文学で、以後も細部はリアルでありながら、夢の中をさまようように話は進んでいく。このあとをもう少し引く。

「――そこはJR鶴見線の終着駅で長いホームの一方が海に面している。もう一方に出口は一応あるものの、それは東芝の工場の通用口を兼ねたもので、社員以外の人間は立ち入り禁止である」

JRの終着駅ながら特殊な条件（改札口が東芝工場の通用口を兼ねる）のため、一般の乗客は外へ出られない。つまり「折り返しの電車が出るまでただホームに立ち尽くしている事しか出来ない」のが「海芝浦《うみしばうら》」駅だ。カフカの小説みたい。ただし、ホームのすぐ先が海（旭運河）というロケーションが異次元的で素晴らしく、折り返し発車の一五分ほどの間、とくに「鉄っちゃん」というわけでもないのに、ここに降り立つため、わざわざ訪れる観光客が絶えないのだ。家族づれも多い。

というわけで、一〇月の末の土曜日、「海芝浦」駅めがけて鶴見線に乗ってきた。「オカタケ散歩」と称して、有志の会員（通常一〇名内外）を引き連れてあちこち文学にゆかりの地を散策しているが、この回は鶴見線と『タイムスリップ・コンビナート』だ。

私はずいぶん前に一度、乗車済み。それからあまりに時間が空いて、当日ガイドする自信がなかったから、二週前の土曜に下見をしている。

鶴見線乗車ならＪＲ「鶴見」駅を出発とするところを、ひと駅横浜側の「花月総持寺《かげつそうじじ》」駅を集合にした。これには理由がある。この駅はかつて「花月園前」と名乗っていた。現在、駅のすぐ西側が小高い丘で、東側には住宅地が広がる、特徴のない駅だが、その小高い丘の上に「花月園」という遊園地があった。詳述はしないが、一九一四年に開園、広大な土地に様々な遊具やアトラクション、劇場とダンスホールまで備えた日本初の大型遊園地だった。戦前までにぎわったが、あちこちに遊園地が作られたこともあり衰微し、一九四六年に閉園している。

跡地に「花月園競輪場」ができるも二〇一〇年に終了し、現在は「鶴見花月園公園」になっている。街を歩くと駅名に残された「花月（園）」を冠した店名や表示をあちこちで見る。私はそのことをよしとする。土地の名前には霊力があるのだ。

「花月園」は地上駅で橋上に改札があり、長い跨線橋が東西に渡る。長いのも道理、ここには横須賀線、京浜東北線、東海道本線、京急本線、貨物線など一〇本以上の線路が横たわり、よって踏切も対岸で待つ人が小さく見えるほど距離が長い。ちょっとした川だ。開かずの踏切、日本一長い踏切としても有名。わざわざこの踏切を渡るため訪ねる人もいる。この日も四～五分待って（これは短い方）、歩きだしたら、途中でまた警報が鳴りだした。一番東側の京急本線には別の踏切があり、この手前で待機することもある。

この踏切を抜け、少し歩くと第一京浜国道にぶつかる。ここに「鶴見」駅からひとつ目の鶴見線駅「国道」がある。国道の脇にあるから「国道」と命名された。検索すると、名所として多数の画像がアップされているのは、高架下がコンクリートのドームになっていることで、一九三〇年開業のまま、遺構のように現存している。現在は閉ざされた両側には、かつて「臨港デパート」と名付けられ店舗付き住宅として繁盛したというが、今はひっそりと影に包まれその面影はない。

ドーム入口の外壁には戦時中の機銃掃射による弾痕がはっきり認められる。抑えどころ満載の鉄道スポットで、ぜひ同行の人たちに見せておきたかった。この「国道」駅（無人改札）からやっと鶴見線に乗車。午後の時間帯、一時間に二本しかなく、しかも海芝浦駅行きは一本のみ。慎重にタイムスケジュールを組んでの行動だ。

鶴見線は臨海の埋め立て地に作られた工業地帯を走る。車窓から見えるのはほぼ工場。人影もない風景は都会に隣接する異空間である。「カモメ公害注意の表示がある国道駅、日本鋼管工事倉庫、工事倉庫とは何か、国旗が翻る。工場だってやけに大きく、小型船の速度も上がっている」というのは『タイムスリップ・コンビナート』の描写。巨大な工場だけがどこまでも続く風景を、仕事を依頼したマグロ（編集者であろう）は「ブレードランナー」みたいだという。きわめて近未来的風景の中を、秘境駅を走るローカル線のような鶴見線が駆け抜けていく。

国道駅から一〇分ほどでもう海芝浦駅のホームに到着。途中、浅野駅からずっと左手車窓は海で、まるで海の上を滑って走るような気分になるのだ。海芝浦駅は先に触れたとおり、改札は不出だが、ホームの先に小さな公園が作られている。東芝の敷地内となるが、これは訪問客への好意だろう。この日は二〇名近くが下車。一五分ほどで、また来た電車に乗って帰っていく……というか、それしか手がないのだ。『タイムスリップ・コンビナート』には「東芝の玄関前は植え込みになっているが、塀で囲ってあって海は見えない。ホームに戻ると華やかな女性は疲れたようなひどく悲し気な顔で黙りこくっていた。普段は無口なのかもしれなかった」と記している。

同作は一九九四年六月号『文學界』に発表、第一一一回芥川賞を受賞している。一九九五年公開の是枝裕和初監督作品『幻の光』に、国道駅と海をバックにした海芝浦駅が登場する。宮本輝原作の小説も、映画も舞台は尼崎あたりなのだが、映画ではわざわざこの鶴見線でロケをしている。是枝監督は果たして『タイムスリップ・コンビナート』を読んで、わざわざ鶴見線をロケハンしたのであろうか。

『タイムスリップ・コンビナート』は文藝春秋から単行本化され、のち文春文庫に入ったが現在品切れ。『笙野頼子三冠小説集』（河出文庫）で読むことができる。「三冠」とは、「野間文芸新人賞」「三島賞」「芥川賞」と純文学の有力文学賞を三つも受賞したことを指す。すごいなあ。

なお、海芝浦駅へ行くなら、なにしろ本数が少ないから綿密な事前の調査が必要だ。吹きっさらしだから冬は寒いと思いますよ。

永井荷風が小鳥を飼っていた

新潮社とんぼの本、永井《ながい》永光《ひさみつ》・水野恵美子・坂本真典《まさふみ》『永井荷風　ひとり暮らしの贅沢』（以後『ひとり暮らし』と表記）は、わりあいいつも身近において、ときどき開いて読む。写真もきれい。

永井荷風（一八七九〜一九五九）という日本近代文学史上において特筆すべき文豪を、「ひとり暮らし」という視点からつぶさに紹介している。ひと言で言えば、その徹底した合理性に根差した個人主義があっぱれ、かつ何か清々しい。荷風に比べたら、なんと我々は……というより私は、日々の生活の中でさまざまな障壁の前に萎縮し、忖度した行動を取り、神経をすり減らして生きていることか、とため息をつきたくなるのである。いや、ほんと。

荷風は二度の結婚（離婚）を経て、麹町三番町の妓を見受けして同居するも数年でこれも離縁し、五〇代半ば以降、死までひとり暮らしを貫いた。金銭に十分な余裕がありつつ、女中や下働きを雇うこともしなかった。吝嗇でもあったが、それより、他人が自分の生活に入り込むことを嫌う気持ちの方が強かった気がする。

戦後、千葉・市川市に長く住むが、「偏奇館では使っていたガスと電話を、今度はひかなかった。（中略）衣類、本、生活用品も、必要なものだけを揃え、物が少ないから収納も家具もいらない」（『ひとり暮らし』）というありさまだったという。莫大な資産を持ちながら、晩年、昼はいつも近所の大衆食堂「大黒屋」でカツ丼を飽きもせず食べ続けたことも有名。

「莫大な資産」とは、長男として永井家から相続した遺産であり（「元金には手をつけず、利子や株の配当で十分暮らせた」（『ひとり暮らし』）、また戦後の全集ブームにより多額の印税が振り込まれたのである。それでいて「無駄な買い物は一切しなかったし、必要がなければ、お茶一杯人に奢ることもなかった」（前同）というから、繰り返すが「徹底」している。

そんな中、私が『ひとり暮らし』で目を止めたのが、本文随所に挟み込まれたコラムの一つ『荷風散人年七十一』小鳥を飼う」だった。すべての無駄を省いて、極力お金を使わなかった荷風が、永続して小鳥を飼う習慣を捨てなかった。それも高額の小鳥（小禽）を店で買うこともした。これは『断腸亭日乗』の一節。

「昭和二十四年十月十三日。毎月寄贈の出版物を古本屋に売りて三千余円を得たれば午後銀座千疋屋に赴き一昨日見たりし小禽を買ふ（以下略）」

『ひとり暮らし』によれば、銀座「千疋屋《せんびきや》」と言えば老舗高級フルーツパーラー（私は三十年近く前、ここでコント赤信号のリーダー・渡辺正行に取材している）だが、観葉植物で飾られた関係から「熱帯魚や南国の鳥をその中で飼い、販売もしていた」というのだ。現在、同店で鳥の販売はされていないはずで、つまりある時期までそのような需要があったことを示している。

ところで、古本屋に売って得た「三千余円」だが、昭和二四年の公務員初任給が四〇〇〇円強。単純な換算はできないが、現在、その一五〜一六倍くらいの物価と考えて五万円ぐらいと考えて当たらずとも遠からずと思われる。小鳥の値段の相場など、さっぱりわからないが、いやけっこうするものです。

さて、そこで考えるのは、この「小鳥を飼う」という趣味についてである。私はこれまでにおいて飼ったことはない。娘が小さい時、ハムスターと金魚を飼っていたが長じてその習慣はなくなった。父母のいた実家でも記憶にない。ところが、映画やドラマ、あるいは本の中で、意識すると、けっこう家の中で鳥かごに入れて小鳥を飼う場面が登場する。文学でもっとも有名なのは夏目漱石「文鳥」であろうか。国語教科書にも採択され、よく読まれ、また名文である。弟子の内田百閒も鳥を飼う写真を目にしたことがある。

いやいや、こうしたことは必ず専門家がいるはずで、うかつに書くのは危険である。あくまで思いつくまま「小鳥を飼う」趣味について言及したい。というのも、昭和四〇年代くらいまでか、実用書として「小鳥の飼い方（飼育法）」といった本がよく出ていたらしく、古本市などでよく目にするのだ。私のイメージでは小鳥を飼う家イコール金持ち。

小鳥を愛玩した作家に川端康成がいる。「禽獣《きんじゅう》」という作品もある。太宰治が第一回芥川賞に候補となりながら落選した時、川端の選評「作者目下の生活に厭な雲あり」に怒り狂い「小鳥を飼い、舞踏を見るのがそんなに立派な生活なのか」と嚙みついた。私はこのやり取りを思い出す時、いつも笑ってしまう。「小鳥を飼う」ことは、日々餌をやり、水を差し、鳥かごを清掃するなど手間と余分なお金がかかる。荷風の例を見ても、ショップで買うにしてもそんなに安くはなさそうだ。高級な趣味なのである。

いったい、平成、令和の世に、一般家庭で小鳥を飼う習慣はありやなしや。日頃、一般家庭に本の買い取りで出入りする知人の古本屋にリサーチしてみた。「どうかな、買い取りに行って家の中に入るでしょう？　その時、玄関の下駄箱の上や、居間で鳥かごを見たことあるかな」と質問したところ、いずれも「いやあ、ちょっと覚えがないですね」とのことだった。ペットの種類が小鳥以外に増えた（蛇や爬虫類など）こともあるか。

テレビの散歩番組を見ていたら、東京・自由が丘のペットショップが映った。戦後の闇市から発展した「ひかり街」というレトロビル内に「鈴木鳥獣店」がある。「鳥獣店」を映像で見るのはこれが初めてかもしれない。へえ、今でもあるんだと驚いたのだ。同店は戦前からの営業で、カナリヤなど輸出もしていたとのこと。画面にチラリと映った高級小鳥のお値段は文鳥が九八〇〇〇円、セキセイインコが二五〇〇〇円とかなりお高い。荷風が千疋屋で買った小鳥の値段（現在の五万円）と符合している。しかし、もっと手ごろな小鳥もあるだろう。

急いで付け加えておけば、私の知るもっとも貧しい者が小鳥を飼う例は、つげ義春「チーコ」（『月刊漫画ガロ』一九六六年三月号）。夫は漫画家、妻はバーで働く貧しい若夫婦が、たった一つの贅沢として駅前の鳥店で文鳥を買う。これが六〇〇円（現在の五〇〇〇円くらいか）。安い鳥かご二〇〇円。妻はこれに「チーコ」と名付けるが、疎んじる夫はこれを死なせてしまうのだ。またフランク永井「こいさんのラブ・コール」（一九五八年）に「手乗り文鳥」が登場する。参考例が少なすぎると批判されるかもしれないが、どうやら昭和で言えば四〇年代あたりまでが「小鳥を飼う」趣味が流行した下限ではないか。荷風はその真っ只中にいた。

一九九二年の青春無銭旅行

河出書房(現・河出書店新社)「市民文庫」の山本健吉編『上林《かんばやし》暁《あかつき》集』には若き日に購入し愛着があって、かなり傷んでいるが補修しつつ大切に所持している。昭和二八年刊で正字旧かなの表記。初期短編九作を収録。なんといっても名作「天草土産」が入っていることが大きく、これだけ何度か読み返してきたほどだ。旧制高校生(上林暁)と下宿屋の娘が天草を旅する。淡い恋情を交わしつつ、あくまで関係は清く、一四歳の娘・三重が何とも可愛らしい(「おどんば、むごう上手たい。いつもかアちゃんば洗ふから」と熊本弁丸出し)。上林版「伊豆の踊子」と呼びたくなる。

ここで少しくわしく取り上げたいのは「海山」。やはり熊本五高時代の著者が、高二の春休み(三月中旬)、仲間と足摺岬へ「無銭旅行」に出かける。発表されたのは昭和一七年だが、大正十一(一九二二)年のできごとを、ほぼそのまま再現した私小説だ。上林暁(本名・徳廣《とくひろ》巖城《いわき》)は一九〇二年高知県幡多《はた》郡田ノ口村(現・黒潮町)の生まれ。作家論を書くつもりはないので詳述は避ける。ここでは「海山」についてのみ書く。

春の帰省で実家にいる「僕」(桂木武一)が同じく帰省している小中高と同級の友人・琢磨と「その朝無銭旅行を思ひ立つて家を出たのであつた」というから、早急かつ無謀に思える。二人は二一歳(満年齢二〇歳)。若さゆえの冒険心、カタルシスの解消である。「無銭」と言っても「二人合はして三圓なにがしの旅費」を用意した。大正十一年の「三圓」は現在で言えばどれぐらいの金銭感覚か。当時の諸物価を換算し、おそらく一万円ほどの実力ではないか。マントに下駄というスタイルによる「滑南の村々を無銭で泊り歩いて一廻りして来るのが目的」の旅で、鉄道やバスは使わず、宿泊は友人や親類の家をあてにしている。

私は今回、ほとんど初めて「高知県」を地図でしげしげと眺めたが、四国のほとんど下半分を占め、東西に広い。「滑南」とは高知県南西部を指し、足摺岬を有する現在の「土佐清水市」あたりのことと私は受け取った。事実「僕」たち（途中から友人の「潮」が加わる）は足摺岬からその先、景勝地の「龍串《たつくし》」を訪れている。彼らの足取りをたどるに少し戸惑うのは、実名（「龍串」）とアルファベットによる仮名が混在していることだ。

しかも「A岬」とは「足摺」だと判明しても（足摺にある「金剛福寺」が登場）、「W川」（「縣下の大河」「支流の多いことでは、信濃川に次いで全國第二位」）は「四万十川」と思うしかないが「W」と音が合わない。「U町」も「昔一萬石の支藩のあつたところで、小さな町だが、維新の際、多數の志士を出したので有名な、古い町」とあるから「中村」しか思い浮かばないが「U」ではない。私の調査不足かもしれないし、この点はこだわらない方がいいか。

最初の晩は足摺の友人「潮」の家に宿泊、歓待される。潮はここから「無銭旅行」に参加することになり、翌晩は彼の伯父の家を宿とすることも決まる。本当に出たとこ勝負だ。伯父の家は「K」という村にある。ここがこの日の目的地。「K」は「(足摺岬の)くびれたところに當る港村」「捕鯨の中心地」とあるから「窪津」ではないか。ずっと地図とにらめっこで急に高知が近くなった。「K」は「足摺岬」から直線で約八キロの距離。「僕らはキラキラ光る春の海を見はるかしながら歩いた」。高揚する気持ちと解放感がそのまま風物の描写に表れている。

あてにしていた知り合いの旅館に「泊めてくれ」と言い出せず、その夜のねぐらを求めて夜道を歩いたり、逆に自分の家に泊まるものと決めている友人との再会で、べつに宿を決めていたため友人が拗ねてしまうなど、珍道中が描かれている。ネットで鉄道とホテルを予約し、スマホで検索した観光地を巡っていては、こういう道中記は書けません。

しかし、これ以上彼らの旅程の詮索と同定はやめよう(楽しかったが)。ここで取り上げたかったのは「無銭旅行」についてである。「無銭」といっても、所持金ゼロはありえない。つまり移動と宿泊にお金を使わないという意味だろう。明治、大正期にこの「無銭旅行」が流行した。「無銭旅行」にも二タイプあり、冒険心から勇んで旅するタイプと、なしくずし的にやむなくそうなったというタイプである。

夏目漱石『坑夫』は未知の青年が漱石宅を訪問し、小説の材料として自分の体験を買ってくれと言われ、ネタに困って小説化した作品である。明治四一年に「朝日新聞」に連載された。恋愛事件の葛藤を解消するため夜中に家を飛び出した青年が、やみくもに北へ歩き出す。がま口(財布)には三二銭しか所持金がない。明治四〇年のもりそばが三銭で、おおざっぱに一銭を現在の二〇〇円ぐらいと考えて、男の所持金三二銭は五～六〇〇〇円ぐらいの感覚か。歩きと野宿による移動と考えても、もって三日ぐらいだろう。途中、ポン引きの誘いで足尾銅山へ向かう。その道中の貧乏旅行ぶりが全体の三分の一ほどを占めている。一種の「無銭旅行」ものと考えていいのではないか。

江戸後期では勝海舟の父親・勝小吉の「乞食旅」（『夢酔独言』）が面白い。旗本の三男に生まれ、出世の見込みなく勝家の養子となった小吉。一四歳の時「男は何をしても一生くわれるから、上方あたりへかけおちをして、一生いようとおもって」無断で家を飛び出す。ふところには家から盗んだ七、八両が入っていた。東海道を西へ西へと、最初は経済的保障がある身で旅したが、浜松の宿で途中から一緒になった二人連れの男に金を盗まれてしまう。宿の亭主が気の毒がってひしゃくを渡し、これで施しをもらうことを教えられる。方々から「米や麦や五升ばかりに、銭を百二、三十文」恵まれ、これを元手として後の旅を続ける。「毎日毎日こじきをして、伊勢大神宮へ参ったが、夜は松原また河原あるいは辻堂に寝たが、蚊にせめられてろくに寝ることも出来ず」というありさま。これから三か月の放浪旅が続き、ようやく江戸へ戻ってきた。その無鉄砲ぶりは海舟以上かと思われる。

明治二〇年発表の幸田露伴『突貫紀行』もこの分野の名作。若き日の露伴は腰が定まらず、北海道へ電信技士として渡る。しかし急に東京へ帰りたくなり、懐中が乏しいままに歩きどおしで旅をする。「足に出来たる『まめ』遂にやぶれて脚折るるになんなんたり。並木の松もここには始皇をなぐさめえずして、ひとりだちの椎はいたづらに藤房のかなしみに似たり」とさすがに名文である。一か月近くを要した旅であった。

これらは例外なく若さゆえの所産であり、「無銭」ではないが小田実『なんでも見てやろう』や沢木耕太郎『深夜特急』などに系譜として受け継がれていく。私には若き日、その無鉄砲さが欠けていて、ついに冒険的な「無銭旅行」をする機会がなかった。「なんでも見てやろう」という精神が芽生えたのは、むしろ中年後期にさしかかってからであった。四〇代終わりになって始めた「青春18きっぷ」の旅などは、その日一日の鉄道運賃を支払わなくて済むという点で、この「無銭旅行」と気分は近い。豪勢な遊楽もあれば、いかにお金を使わず楽しむかという旅行の仕方が昔もあったし、今もある。私は好きだ。

田宮虎彦は自転車に乗って

「足摺岬」(上林暁「海山」)からの連想ゲームのようだが、これをタイトルにした小説が田宮虎彦(一九一一〜八八)にある。吉村公三郎監督の手で映画化もされた(一九五四年)。ご承知の方も多いと思う。新潮社始め、文学全集の全盛時代に必ず収録される人気作家だった。しかし死後は急速に忘れ去られ、その名が人の口の端に上ることもない。文庫では現在、講談社文芸文庫に『足摺岬　田宮虎彦作品集』として収録されているぐらいか。

この名前を久しぶりに見たのは、種村季弘のエッセイ「アレルギー」（『徘徊老人の夏』ちくま文庫）を読んでいた時のこと。昭和三五年、種村が光文社の雑誌編集者時代、よく田宮の家に原稿取りに行った。田宮宅は三鷹の成蹊大学裏手にあったという。田舎風の田宮家の縁側から「前の細道をよれよれの寝巻を着た人がふらふらあるいてゆく」。詩人の金子光晴だった。となると、種村は「三鷹」と書いているが「吉祥寺」ではないだろうか。現在も成蹊大キャンパスは吉祥寺北町にある。

種村によると、当時田宮は「世にも奇妙な病いに悩まされていた」。それが「脳のジンマシン」だった。「隔靴掻痒」と言うがこの場合は「隔脳掻痒」か。「かゆくても掻くことができない」から、たしかに困ったものだ。しかも治療法はない。そこで「脳に汗をかかせればよかろうと」考え、田宮は毎日、三鷹（吉祥寺？）から青梅までサイクリングをしたというのだ。全身は汗にまみれ、病気は快方に向かった。

ええっ、と驚いた。吉祥寺から青梅までは三〇キロ以上の距離があるはずだ。三時間は要したはず。五日市街道からどこかで青梅街道に入り、とにかく西へ西への一本道だが、昭和三〇年代半ば、青梅街道はまだ舗装されていなかったのではないか。「脳に汗を」かかせるとしても行為としては度を越している。

田宮虎彦は当時、流行作家であった。長年連れ添った愛妻をガンで亡くし、夫婦で交わした往復書簡が、『愛のかたみ』（光文社）というタイトルで昭和三二年に出て、これが大ベストセラーとなった。ところが、文芸評論家の平野謙が文芸誌『群像』でこれにかみついた。批判というより「不自然」「変態的」などという言葉を使って罵倒した。平野は当時の文芸批評の分野での権威であった。おそらく文壇、出版内で田宮に対する陰口が広がっていたのではないか。それだけに田宮は傷つき堪えただろう。

私には「脳のジンマシン」という奇病は、この騒動によるストレスが起因していると思えてしかたがない。田宮はその後、脳梗塞で半身不随となり筆を取れなくなる。昭和六三年、一人住まいのマンションの一一階から投身自殺を遂げた。大きな新聞記事となり報道もされた。種村は脳のジンマシンが再発し、うつ病になったのではないかと推測している。いずれにしても痛ましい後半生だった。

「まだ武蔵野の面影がのこっていた三鷹―青梅間を疾走する自転車。せめてのことにそのさわやかな光景を思い浮べて、私なりのささやかな供養に代えようと思う」

そう種村は一文を結んでいる。

『原色 秋の野外植物』裸本の魅力

古本屋で手に取って、ああこういう本が一冊欲しかったんだと思った。それで買ったのが、本田正次『原色　秋の野外植物』(三省堂)で、新書を一回り小さくしたサイズ。背は縦長の函入りだが、本体は横長でいかにも野外での携帯に便利そうである。同じく「春」「夏」編も刊行されたと巻末の広告で分る。

昭和二七年の本だが、驚いたのはその定価で四五〇円がついている。かなり高い。この年、大卒初任給が六五〇〇円、コーヒー三〇円、週刊誌二五円。どうだろう、現在の物価換算で二〇倍と一応見て、九〇〇〇円ぐらいの感じであったか。一〇倍なら四五〇〇〇円だがそれでも高い。昭和二七年に「原色」版が高度な印刷技術を必要とし、費用がかかったのかもしれない。

一ページに一つ、花（植物）がカラー版の精妙な絵で示され、解説がつく。私は夜中、ちびちびとウイスキーをなめながら、詩集を読むようにページをめくって楽しんだ。たとえば「オミナエシ」。短いから解説の全文を引く。

「山野に生えている多年生の草で、高さ60㎝〜1mばかり、草は対生して羽状に深く裂け、裂片は尖り、縁にあらい鋸歯がある。秋の頃、茎の頂および葉のわきから長い花軸を出して黄色いアワ粒のような小さい花をたくさん集めて開く。秋の七草の一つである」

植物の特性や形状の描写に徹し、詩情も私情も交えず簡潔である。

日頃は「愛という官能の歓びと哀しみ、エロティシズムの破壊性、女体の永遠性こそが詩人の主題であるように思われた。愛という精神性はこれっぽっちも見出すことができなかった」（野呂邦暢『愛についてのデッサン』）というような文学的な文章ばかり読んでいるので、たいへん新鮮である。

「短いので解説の全文を」と書いたが、じつはページの半分。同じページにもう一つ「オトコエシ」なる植物が掲載されているのだ。名前どおり「オミナエシ」と対となりオスとメスだ、花がこちらは「白」である以外は形状も似ている。知らなかったなあ「オトコエシ」。

「ヒメシオン」という花も見つけ、ああヒメジョオンのことねと早合点したら、解説の最後に「これと帰化植物のヒメジョオンと間違えてはいけない」と叱られてしまった。

森進一訳
テオプラストス『人さまざま』

ちょっとびっくりするでしょう。へえ、歌手の森進一が翻訳をねえ……。すぐ気づくと思うけど、これは別人。同姓同名の古代ギリシア哲学の学者（一九二二〜二〇〇五）がいる。歌手の森進一の本名は森内一寛。おもしろいなあ、と思って買った本（岩波文庫）だが、中身もおもしろかった。いろいろな本との出会い方があるものです。

帯の紹介文をそのまま借りれば「古代ギリシアのちまたに暮らす民衆の世態風俗をとらえた軽妙犀利な人物スケッチ三〇篇」。作者のことは詳しくわかっていないようだが、森進一解説によれば紀元前三七二年頃に生まれた哲学者。目次には「空とぼけ」「へつらい」「無駄口」「粗野」「お愛想」「無頼」「おしゃべり」「噂好き」等々と並ぶ。二〇〇〇年以上前に生きた人々の人物観察によるが、これがほとんど現代にもあてはまるよ、さてお立合い。

「頓馬（とんま）」はこんな人のこと。「忙しくしている人のところへ出かけて、相談をもちかける」。あるいは「結婚式に招待されると、女性のことを悪く言う」。「長旅から戻ってきたばかりの人を、散歩に誘う」といった具合。今でもいそうだと思うでしょう。同様に『誰それはどこにいますか？』と人から尋ねられると、『私をそっとしておいてもらいたいですね』と答える」のが「へそまがり」。これには笑ってしまった。

世の中から少しはみ出して、その分、人間の持つ本性を露わにしているところ、落語の登場人物に通じている。「世の中見てると、じつにいろんな人がいますなあ。たとえば……」とそのままマクラにも使えそうだ。

入口は歌手と同姓同名、ということだったのですが、思わぬ拾い物をした気分であります。

三好達治「燕」を読む

ひややけく家居はなりぬ燕去る　誓子
ゆく雲にしばらくひそむ帰燕かな　蛇笏
帰心なきものは誘はず燕去る　狩行

「燕」の季語は「春」だが、「燕帰る（去る）」となれば「秋」の句だ。新暦では初夏、暖かい日本へ飛んできて、巣作りをし子を育て、成長した子を連れて秋、南方へ帰っていく。存在自体が「詩」と言ってもいい。

その「燕」を詩に仕立てて忘れがたい名作が三好達治にある。タイトルもまた「燕」で第一詩集『測量船』に収録されている。私がこれを最初に読んだのは、新潮文庫の河盛好蔵《かわもりよしぞう》編による『三好達治詩集』だろう。『測量船』がいかにすごいかは、巻頭からの収録詩編を並べると分かる。「春の岬」に始まり、「乳母車」「雪」「甃のうへ」「少年」「谺」「湖水」と続く。どれも人口に膾炙し、口ずさまれ、教科書にも採択されたような詩編である。「雪」と言って分からなければ、「太郎を眠らせ、太郎の屋根に雪ふりつむ。／次郎を眠らせ、次郎の屋根に雪ふりつむ。」と全行を引用すれば「なあんだ、それなら知ってますよ」となるだろう。作者を知らなくても作品は知っている。これら巻頭の一群にみえる、古典的格調の高さと整いは完璧である。

古典的、と書いたがスタイルと素材は斬新で、出版された一九三〇年、いかに清新な印象を読者にもたらしたか想像がつく。新潮文庫版の河盛好蔵解説にあるが、『測量船』は「今日の詩人叢書」の第二巻として刊行された。この叢書には岩佐東一郎、城左門、田中冬二、青柳瑞穂、竹中郁、菱山修三が加わっており、モダニズム詩の流れにあると分かるのだ。

よく知られた作品が並ぶ『測量船』の中にあって、「燕」はあまり言及されることの少ない作品かもしれない。しかし私は好きで、今年もある時、急にこの作品のことを思い、コピーしてスケジュール帳のノート部分に貼り付けた。いつでも読めるようにしたかったのである。

本当は全行を引きたいし、引いてもいいのだが写すのが面倒だ。やっぱり部分を紹介しながら読みたいと思う。まず、本編の前にエピグラフふうに次の一行がカッコつきで挙げられている。

「あそこの電線にあれ燕がドレミハソラシドよ」

これは電線に止まった燕を見て、人間がしゃべった言葉。野暮ながら説明を加えると、電線へ横一列に並んだ燕の列が、音符のように見えるという話である。ああ野暮でした。

本編は、これから海を越えて南方へ帰る燕の一家による会話で成り立っている。父と母のつがいに、日本で生まれた子どもの燕が数羽、という構成か。「毎日こんなにいいお天気だけれど、もうそろそろ私たちの出発も近づいた。」と、夏が終わり、秋が深まりゆく様が父から伝えられる。夕暮れの林には蜩が、入道雲は小さくなって消えていく。そんな季節。

「私は昨夜稲妻を見ましたわ。稲妻を見たことがある？　あれが風や野原をしらぬ間にこんなにつめたくするのでせう。これもそのとき見たのだけれど、夜でも空にはやはり雲があるのね。」とこれは大人っぽい口調ながら子の一羽。親は子の成長をこの言葉に見る。

まだ海を渡ったことのない子どもたちにとって南方への空の旅は不安である。

「海つてどんなに大きいの。でも川の方が長いでせう？」と言う。あるいは、休むところのない海、そして強い風にも不安を感じている。もし「ひとりぼつちになつてしまったら」と初めての旅を前に恐れるのだ。

それら子どもたちの心配を払拭すべく、最後に父燕がとうとうと語り聞かせる詩行がいい。

「海をまだ知らないものは訳もなくそれを飛び越えてしまふのだ。」「私たちは毎日こんなに楽しく暮してゐるのに、私たちの過ちからでなく起つてくることが、なんでそんなに悲しいものか。」

三好達治は一〇人兄弟の長男として生まれるが、幼くして一時期養子に貰われ、その後病弱のため祖母の家に引き取られた。一〇歳の春に実家へ戻るが、家業が傾き、学業を続けられず陸軍幼年学校へ転校する。その後も波乱ぶくみの青春期を送った。安定した幸福な家庭を知らなかった。子燕の未来への不安はその反映であろう。「毎日こんなに楽しく暮して」いられる家庭を欲し、手に入れられなかったのである。「私たちの過ちからでなく起つてくることが、何でそんなに悲しいものか。」と信じたかったのだ。

そんなこじつけをしなくても「燕」は愛らしく、胸に深く迫ってくる作品で、最初に読んだとき、涙がこぼれてしまった。文庫で二ページほどの短い詩だ。ぜひ探し出して全編を読んでください。

ここが「針原」か！

今日も今日とて、録画しておいたテレビ神奈川『新・鉄道ひとり旅　福井鉄道編』（出演・吉川正洋）を視聴する。二〇一六年度放送分の再放送で、福井駅の駅頭から撮影が始まる。精巧かつ巨大な恐竜のモニュメントが吉川を出迎える。私が福井へ行ったのはもう一〇年も前か。駅前の「古書好文堂」を訪れるのがメインの目的で、オプションとして路面電車電停「田原町」も見たかった。駅前は再開発中だったが、『鉄道ひとり旅』を見ると開発を終え、すっかりきれいになっている。

吉川は駅前西口広場へ移設された停車場からトラムに乗り込む。新型車両のトラムには「FUKURAM（フクラム）」の愛称が刻まれている。「福井」と「トラム」の合成語で、おそらく「（夢が）膨らむ」を掛けていると吉川。このトラムが、そのまま「えちぜん鉄道三国芦原線」へ乗り入れるようになった。途中「田原町」電停も、乗り入れのために改装されていた。トラムがそのまま別路線へ乗り入れるのはこの福井鉄道と三国芦原線だけだという。相変わらず勉強になる。

吉川は「鷲塚針原」駅で下車。ここで「アッ！」と声が出たのは私の方。そうか、ここが「針原（はりばら）」か、と驚いたのである。というのは、敬愛する詩人（現代詩作家、と名乗る）荒川洋治の詩集に『針原』（思潮社・一九八二年）があるからだ。荒川は福井県三国の出身。「鷲塚針原」は、三国へ向かう途中、いつも目にしていた駅名ではなかったか。

あわてて『針原』を開く。本当に久しぶり。同著は書下ろし詩集であるが、挟み込みの栞「七昼夜のスコール『針原』制作日誌」を読むと、ちゃんと「高校時代に三国から福井市までおんぼろ私鉄で通学した。その途中に『鷲津針原』という駅があった。いちどもおりたことはない。越前平野に点じられた小駅である」と書かれているではないか。うかつだったなあ。しかし「『針原』には行ったことがない」と言う。

荒川は市内「藤島高校」に通学する高校生で、下車する最寄りの電停が「田原町」であった。大ファンで神様のように崇めていた私は、そのために「田原町」電停を見て、藤島高校も拝んできた。「ここが荒川さんの通った……」と感激したのである。かわいいところがあるじゃないの。ちなみに『サラダ記念日』俵万智も同校卒業生で、姓名（本名）と同音の「たわらまち」電停を使っていた、とは有名な話。

新しい書下ろし詩集に降りたことのない地の「針原」を選んだのは、語感もあろうが、重要な意味を秘めていた。この詩集を批評する、というような大それたことはできません。ただ、「針原」の意味を知るために読む。巻頭にタイトルとなった詩がある。その書き出し部分。

「二万一千人の死傷者を出した／福井大地震は／一九四八年六月二十八日のことである／私が生まれたのは／一九四九年四月十八日／つまり／震えが／とまってから／父と母の若いからだは／向き合ったもようである」

福井市を襲った都市直下型「福井地震」はM七・一の大震災となり、死者約三八〇〇人を数えた。このため戦災の復興時にあった福井市街は、ふたたび灰燼と化した。「針原」のある坂井市はその震源。その「震え」のなか受胎し、翌年、この世に生み出されたことを強い機縁とし、詩集『針原』は書かれた。自分のルーツと故郷の歴史に楔を打ち込む仕事となったのである。

荒川と言えば、一躍その名を知らしめた「口語の時代はさむい」のフレーズを含む「見附のみどりに」（『水駅』）のように、私などは都市型の抒情詩の名手と受け取ってきた。「いまわたしは、埼玉銀行新宿支店の白金《はっきん》のひかりをついてあるいている」という固有名詞を含む大胆な詩行にしびれたのである。「広尾の広尾／うずくのは客車の折り目／雨である、ある、ある日／わたしはおとろえをかくし、会いに行く」（「広尾の広尾」／『あたらしいぞわたしは』）なども、関西人である私が東京を夢見る一助となったのである。

もちろん一方で、第一詩集『娼婦論』より、キルギス、ソフィア、タシュケント、ウイグル自治区など、海外の地名に喚起された詩行も積み重ねていた。しかし、故郷の福井とこれほど真正面に向き合った詩作は『針原』までなかったように思う。その震源こそ「福井地震」であった。誕生日から逆算して、自分の生が地震後に灯った。珍しく著者が自伝的事実から創作の芽を得ている。そこに詩集『針原』のアクチュアルさを私は見るのだ（あ、批評めいたことを書いてしまった。すいません）。

「針原」は最後、こう結ばれる。

「いまだ固まらぬ大地で／二つの性は息をとめ／私は一つきりの体で生み落とされている／ここからまた裏返り／不動／不微動の原／針原をとおって／震える血を運ばねばならない／不微動の原／針原」

荒川ファンとしては、いつか近いうちに福井鉄道「鷲塚針原」駅に降り立たねばならぬ。同駅舎は『新・鉄道ひとり旅』でも紹介されていたが、古い木造駅舎がそのまま保存され、登録有形文化財に指定されている。

古本が売れた時代

顔を突き合わすと「本は売れません」と、作家も新刊書店員も古書店主もぼやくのが、もう長らくの常態となっている。それでも、私の知るかぎり、三〇代ぐらいで古書店をオープンさせる若手が続々と出てきている。「売れない」とあきらめていては何も始まらない。そんな場合でも、何かしら売り方はあるのかもしれない。

そんな「ぼやき」を前に、鮮やかに速やかに大量に古本を売りさばいた時代があった。『日本古書通信』二〇二一年一〇月号掲載の「札幌・一古書店主の歩み　弘南堂書店高木庄治氏聞き書き」の第三回目で、高木氏がまだ東京・神田の「八木書店」で修業していた時代のことを語っている。ちなみに、私は札幌「弘南堂書店」を訪れた時、帳場にいた高木氏と会話している。

高木氏が東京にいたのは昭和二七年四月から翌年三月の一年間。古本がよく売れた、というのはその時代のことである。戦前の本がよく売れたという。敗戦後、資材不足でどの本も紙の質が悪い。戦前に出た本を再販するのにも紙質の悪い用紙に印刷される。そこで「内容も同じだから戦前の紙の良い本がよく売れるんです」と言う。経験者は語る、というわけで、なるほどと納得させられるのだ。

「店売り全盛時代」という小見出しを挟んで「東京の神田では波木井という書店がある」と語りだされるが、この話がすごい。「一日五十万円、売れる日は百万円からにもなる」というのだ。昭和二七〜二八年当時の額である（と思うよ）。昭和二七年の公務員初任給が七六五〇円。ちょっと信じられない売り上げだ。それとも現在の貨幣価値に合わせた金額か。

「波木井」は「はきい」と読むのであろうか。青木正美『古本屋群雄伝』（ちくま文庫）に、この店について書かれた個所があった。参考のために、どんな店だったかを引いておく。

「水道橋の駅を降り、神保町方面へ百メートルくらい歩いた右側に、その波木井書店はあった。私は昼下りなのに煌々と電灯に明るい店の前に立ち、間口六間、奥行は十間もある大きな古本屋を驚異の眼で眺めていた。店内はゆったりと四本もの通路を取り、書棚は学術書から雑誌にいたるまでよく分類され、一々にハッキリと正札が見える本で埋まり、数十人の客で一杯だった」

その驚異的な経営法についても書かれているが、ここでは割愛。同著によれば、波木井書店は昭和三七年に廃業したという。理由は子ども（後継者）がいないことと、病気のためだったようだ。

ふたたび高木氏の証言。同じ神保町の「一誠堂書店」でさえ「一日せいぜい七万か十万しか売れない」と高木氏は言うが、これだって今からすれば大変な金額だ。「波木井」は破格にしても、戦後まもなくの「店売り全盛時代」には、とにかくどの店も古本がよく売れたのである。

「要するに食糧と同じで本がないんですよ。知識を要求しても、生産がまだ間に合わないから。それで南陽堂は、それまで日に千五百円か二千円だったものが三千円売れ出し、五千円になり、八千円、一万円と、わーっと加速を付けて売り上げが伸びましたね」。

まるで、かぼちゃの馬車に乗った貧しい少女が一夜にして王子の妃となるシンデレラ物語みたいで、ほとんど童話の世界である。ただ、溜息をつくばかり。

最初の詩人

京都の古書店「善行堂」店主山本善行から、桜美林文学会の文芸誌『言葉の繭　第四号』が届いた。学生雑誌ということだが充実した内容。詩や小説、研究だけという内に閉じた学生雑誌ではなく、外部の人に書かせ、外に開いていているのがいい。編集人の藤澤太郎さんは同大学の准教授。編集後記に「個人的には『ARE』（読者になったのは最末期でしたが）や『SUMUS』の影響をかなり強く受けてきた世代」と書いておられるのがうれしい。

ここに挙げられた二つの雑誌は、いずれも私と山本善行が関わった同人誌だった。それ以前にも、我々は同人誌活動をしていた。そのことを『言葉の繭』に「同人雑誌の思い出」として山本が書いてくれている。そのまま私の若き日も重なっているので懐かしいのだ。『浮遊』という同人誌は、『言葉の繭』掲載の表紙画像を見ると、一九八二年一月号が創刊号。私は「風来坊」という詩、山本が正宗白鳥について評論を書いている。なにしろ四〇年も前のこと、そうだったかなあという印象。

ただ、この雑誌で知り合って、もっとも強烈だったのが森園清隆（名前もいい）さんという少し年上の詩人だ。同誌には小説を書いていたが、『ユリイカ』の投稿欄「解放区」に何度も詩作品が取られていた。それがいずれも素晴らしい。私が生きている詩人（それも正真正銘の）と出会った最初の人が森園さんだった。

『ユリイカ』一九七六年「解放区」の選者は鈴木志郎康《しろうやす》。私もそれで森園さんの詩を後追いで読んだのだった。『言葉の繭』には『詩人会議』を含め、森園さんが書いた当時の投稿詩が集められ、ちょっとした小詩集の役目を果たして貴重である。私の記憶では、一九七六年の何度目かの投稿の講評で、「森園さんの詩はもうちょっと飽きた」というようなことを志郎康さんが書いていたことを覚えているが、つまりそれだけ眼鏡にかなない、頻繁に選ばれていたと言えるだろう。

会って親しくなると森園さんは不思議な青年だった。山本の文章によれば「同志社に六年とか七年とかいて（中略）二十七歳で大学生だった」。「生活の様子は不安げで、例えば、電車に乗って目的地に辿りつくとかお好み焼きをコテで切るとかは普通に出来なかった」というあたり、そうだったなあと思い出した。同じ現場に私もいたのだ。つまり、常識とか世間などとちょっと離れたところで生きていた。それこそ「詩人」だと、森園作品の素晴らしさを知っていたのでそう思ったものである。私がとくに「これはすごい」と感心したのが「リリーフ」という作品だった。一字下げの部分などを詰めて、引用するとこんなふうに始まる。

「先にリリーフを／出せば／打たれるという予感／があって／今度はなげない／投げる／リリーフ／なれないことで／つらいけど／だがそんなときは／逆だと／しんじている／打たれていない／予感」

野球において、先発投手の後を引き継ぎ投げる役目を「リリーフ」という。たいてい、先発投手の球の威力が失われた終盤、ときに塁をランナーが埋めたところで処理をさせられる。この難しい立場を人生に置き換えて「リリーフ」としたのだ。森園さん自身は「お好み焼きをコテで切る」ことも出来ない（この場面もよく覚えていて、お好み焼きがぐちゃぐちゃになった）ぐらいだから、野球なんて実際にはできっこない人なのだ。

「リリーフが／悪ければ／ひとさわぎ／いつも／あやうい状況で／リリーフ／よりわるい状況が／リリーフしてくれるのか／どうか／そのひそのひの／つきしだい」という中途あたりの連で、私が言った意味がはっきりしてくる。大学七年生で就職もおぼつかない「あやうい状況」で、森園さんは「リリーフ」を仰ぎたかったのかと推察する。いや、そんなふうに読めばつまらないか。「リリーフ」という野球用語のリフレインが、不思議に別の言葉のように思えてくるのだった。

「けれど／いつも／だれかはリリーフ／である
だれかが　だれかの……／受けつがれたときは
土の下で」

そう締めくくられる「リリーフ」は間違いなく名作。あんまりいいので、当時「わぁ」とびっくりしたほど。「ハマエンドウ」（これまたいい）もそうだが、人と人の距離感、自分の弱さを身体感覚で書ける人だった。繊細すぎて、ちょっと変なところもあったが、それはこっちも同じ。笑かし屋の漫才コンビみたいな山本と私が、ふざけたことを言うと、細く長い指を持つ森園さんは「ホッホッホッ」と体をくの字にして笑っていた。ちゃんと〝笑い〟のわかる人だった。

山本によれば、森園さんはこのあと京都を去り、故郷へ帰ったという。現在はどうしているだろう。気になって、一度名前をネット検索してみたが、何も情報が得られなかった。詩集を一冊、出させてあげたかった。詩壇の芥川賞と言われる「H氏賞」だってもらえる実力の人だった。

こうなると、詩人として世間に名前が出るとはどういうことだろうと考える。鈴木志郎康の評論集『穂先を渡る　最新現代詩』（思潮社）に「最近の最近」という一文がある。そのなかで『現代詩手帖』に「日記（二月二十一日）」と題された、いわもとまりこの投稿詩が紹介されている。これが何とも面白い詩なのだ。副題は「正午すぎ、目黒駅前で、鈴木さんを見た。夜、明敏が発熱。」。この「鈴木さん」とは鈴木志郎康のことだ。

いわもとまりこという女性が乳母車に子どもを乗せて、目黒駅前を歩いていると鈴木志郎康が家族で歩いている姿を目撃し、それを詩にした。

「私も、詩人になりたかった。／草多、という名を考えつくような／鈴木さんのように、書いた文字が印刷されて／本にのるような／詩人になりたかった」というのである。「草多」は「そうた」と読み、志郎康さんの長男の名前で詩の中によく出てきた。それにくらべ、彼女の息子の名前は「明敏《あきとし》という平凡な名、／父親と祖父の名前から一字ずつもらって／つけた／ポエジーなどみじんもない名」。

詩人になれなかったことの淡い悲しみ。そして平凡な生活が綴られ「今日、夜になって／私の明敏は、発熱した。」で終わる。なんとも見事な詩なのだ。全編を読みたくなって、このところ私は古本屋や古本市でこの投稿詩が載った一九七八年六月号の『現代詩手帖』を探している。

歩行不能の俳人・富田木歩のこと

昨年二〇二一年の師走、思いがけず坂崎重盛《しげもり》さんからお誘いがあり、神楽坂で一献傾けることとなった。うれしい。二〇二〇年に始まったコロナ騒動の際中にはお目にかかっていないから、少なくとも二年、いやもっとお久しぶりである。坂崎さんは名編集者であり東京散歩の達人でその方面の著書多数。俳句も作る。私は『人と会う力』(新講社)という本を坂崎さん担当で作ってもらった。あんまり売れなくて申し訳なかった。

坂崎さんと会うなら、世間話だけではなく、少しは実りのある話もしたい。そこで予習していくことにした。取材でなくても、私は人と会う際、こうして少し準備をしていく。『季刊銀花』の特集「当世日和下駄　東京の散歩道」（一九九三年六月号）と、小沢信男『俳句世がたり』（岩波新書）の二冊をカバンに入れ、行きの車中で読む。『銀花』で面白かったのが辻征夫の文章。そこで本所区新小梅生まれの俳人・富田木歩《もっぽ》のことを書いている。二歳の時、両足麻痺で歩行不能となり、学校へは通わず「いろはがるた」で文字を覚え、俳句を詠むようになった。貧困の家を支えるため、姉が芸者になった。

私は木歩のことをまったく知らなかった。ひょっとしてと思い、一緒に持ってきた『俳句世がたり』を開くと、果たしてちゃんと書いていた。かいつまんで紹介すると、木歩には新井清風という親友がいた。関東大震災の酸鼻のさなか、歩けぬ友を思って木歩のもとへ清風が駆けつける。あたりは火の中、清風は木歩をおぶって逃げ出した。しかし火は回り、このままでは生き延びられない。木歩は清風の背を押してとどまり、自分は残ることにした。やむをえず、清風は川に飛び込み、なんとか生き延びた。木歩はおそらくそこで命を落とした。

すごい話である。

興奮して、知ったばかりの木歩について坂崎さんに話すと、もちろんちゃんと知っていた。こんな句があると教えてもらったのに、酔っ払って忘れてしまった。『俳句世がたり』から一句、引いておこう。

「夢に見れば　死もなつかしや　冬木風」木歩

木歩のことをもう少し知りたく、そのあと山本健吉『定本　現代俳句』（角川選書）をひもとく。さらに詳しく、木歩の生涯について書かれている。

「四人の姉妹と一人の聾唖の弟とがあったが、姉妹は次々と苦界に身を沈め、そのうち妹一人と弟とは胸を患って死んだ。人形のヘチ取り、駄菓子商、貸本業などで細々と生計を立てた。彼自身も胸を病み、何回か喀血した」

山本によって紹介された句を一部引けば以下の通り。

「我が肩に蜘蛛の糸張る秋の暮」
「己が影を踏みもどる児よ夕蜻蛉」
「かそけくも咽喉鳴る妹よ鳳仙花」
「面影の囚はれ人に似て寒し」

自分の境涯を考え、木歩はそんなに長くは生きられないと自覚しただろう。山本は「境涯の俳人」と木歩を位置づける。どれも侘しく悲しい詠嘆の句ばかりでつらい。しかし句作をしていなければ、彼の存在は関東大震災で命を落とした多くのうちの一人に過ぎず、振り返られることもなかっただろう。

なお、正津勉『「はみ出し者」たちへの鎮魂歌　近代日本悼詞選』(平凡社新書)に富田木歩についての一文がある。

この装幀造本だからこその読書——三月書房の随筆シリーズ

いま目の前にあるのは、丸岡明『港の風景』(三月書房)。昭和四三年五月一五日刊。丸岡の著作に親しんだ記憶はとくにない。『静かな影絵』を買ったが、読まずに処分してしまった。そういう本、たくさんあるのだ。

少し調べると丸岡明(一九〇七~六八)は東京生まれで、暁星中学から慶応大学仏文科を出て作家となった。デビューは「三田文学」。ベストセラーを出すとか、大きな賞を取るなど目立った活動があったわけではないと思う。集英社の日本文学全集に『北原武夫・丸岡明』の巻がある。能の解説や編集に多数の仕事を残す。能楽書林の社主・丸岡丈二は弟。

著者に何か強く惹かれたわけでもないのに、この本を買ったのは三月書房の随筆シリーズだったからである。文庫よりやや幅広の矩形サイズで、ハードカバー、堅牢な函入りのスタイルで、これまで一〇〇冊以上を出している。出版物はこのシリーズのみ。雑誌もほかの書籍も出さず、映画を作ったり、不動産に手を出したりしない。きわだってユニークな出版社だ。

言えることは、このシリーズで本を出すことが、ベテランであっても書き手にとって憧れであること。本を出す人なら、誰もが少しは思っているはず。あの函入りの小さな本で、随筆集を編みたいと。

私は何冊ぐらい持っているのか。散逸して数えることはできないが、少なくとも一〇冊は所持していると思う。いや、もっとあるか。『港の風景』巻末に、昭和四三年時点での同シリーズの刊行書目が挙げられている。最初の一三冊だけでも挙げておく。

福原麟太郎『変奏曲』、内田清之助『鳥たち』、岡本文弥『芸渡世』、網野菊『冬の花』、福原麟太郎『諸国の旅』、戸板康二『ハンカチの鼠』、巌谷大四《いわやたいし》『おにやらい』、花柳章太郎『わたしのたんす』、佐多稲子『女茶わん』、岡本文弥『ひそひそばなし』、花柳章太郎『役者馬鹿』、奥野信太郎『おもちゃの風景』、円地文子『旅よそい』

福原や奥野は学者、ただし随筆の名手。戸板、花柳、岡本は演劇や芸能の分野。網野、佐多、円地は派手なところはないが、着実に我が道を行き、本物の読者をつかんでいる。つまり、強い好みが出ている。その「好み」とは、三月書房社長の吉川志都子の「好み」だろう。このシリーズの「あとがき」を読めば、ほとんどの著者が「吉川志都子」の名前を挙げ、感謝の挨拶をしている。異例のことだ。丸岡もやはり「小型本は二冊目だが、どんな本になるのか愉しみである。装幀その他に、あまり口出しをせず、吉川志都子さんの思うままにして貰おうと思う」と書いている。社主への全面的な信頼が感じられる文章だ。

江藤淳は『犬と私』の「あとがき」に、戸板康二の『ハンカチの鼠』について、「こんな本が出せたらいいだろうなと羨しく思っているうちに、意外に早くその夢が実現」したと書いている。そして、江藤が吉川と縁続きだったことも……。

じつは三月書房は、吉川の一人出版社であった。「三月書房」と「吉川志都子」でネット検索をかけたが、あまりくわしいことはわからない。一九六一年に最初の本である福原麟太郎『変奏曲』を現在も続くスタイルで出した。『港の風景』はそれから七年後の刊行物だが、奥付住所は「東京都調布市国領町六―七―六」。おそらくだが、これは吉川の自宅住所ではないか。地図と照らし合せたが、当該住所は住宅街のなか。この単一の出版物のみで生活できるとも思えず、ほかに仕事を持ちながら出版業をしていたと推察される。

つまり三月書房イコール吉川志都子だった。どういう人だったか、もっと知りたく思うが、今は手掛かりがない。吉川は自分のこと、出版社のことを語ること少なかった人のようで、精査したわけではないが、ネット検索では詳細が分からないのだ。大岡昇平『スコットランドの鷗』(一九七五)の「あとがき」に少し手掛かりあり。

「三月書房主吉川志都子さんとは、十年前私の叔母蔦枝が死んだ時、遺稿集の出版についてお世話になってからのおつきあいである。吉川さんが叔母が教えていた日本女子大学の出身だった御縁からだが、その御縁で、定評ある三月書房随筆シリーズに加えていただけたのは光栄である」驚いたことに大岡にとってこれが「はじめての随筆集」だという。続く文面に「吉川さんは出版社主であると共に、主婦でもあって、家庭的にも気を配って下さる」とあって、出版業は主婦業との兼業だったようだ。それで出版社の住所（調布市国領町）がふつうの住宅街の中にあった理由も判明した。やはり吉川の自宅だったのだ。

現在は神田錦町に社屋を移し、代表は渡邊徳子。吉川から引き継いだのであろう。出版物はこれ一本も同様。ホームページに「手のひらにのる小型愛蔵本」とあるが、本当にその通りの本だ。丸岡明『港の風景』についても触れておかねばならない。私が買ったのは古本屋。函なしの裸本で、だから安かった。一〇〇円。状態にもよるが、古いものはだいたい五〇〇～一〇〇〇円ぐらい。木山捷平《きやましょうへい》『角帯兵児帯』は人気の書目でもう少しするか。

裸本を買った時はよくするように、自分でカバーを巻いて、背にはタイトルと著者名を入れた。こうするとここで愛着がわく。

やはり「あとがき」に吉川志都子の名が挙がり、「この随筆集は、聖ロカ病院の三三九号室のベッドの上で編んだ」とあるが、丸岡の没年はこの本の出た一九六八年だからそのまま身罷ったのかもしれない。

全部で三章に分かれる。一章は自伝的回想。二章は豊富な海外渡航経験について。三章は知り合った文学者たちの横顔を伝える文章。

文壇での交遊のエピソードが楽しく、拾っておこう。

フランスから芸術騎士勲章を授与された話（「騎士勲章」）。丸岡にとって賞に値するものはこれが初めてだった。フランス大使館で授与式が行われ、友人たちからも祝福を受けた。うれしい半面、友人たちに「無用な配慮」をさせていることが心苦しい。そんな中……。

井伏鱒二は上等なハヤざおを作らせて祝ってくれた。有楽町のガード下の飲み屋の監督女史は、「うちに来るお客さんに勲章をくれるなんて、フランスもイカスはね」と言った。この二つが、一番ありがたかった。

三月書房随筆シリーズは、著者が方々の媒体に書いた文章を集めて一冊にするのだが、小ぶりの函入り本はこうした小粋な話題がよく似合う。知人や縁者に贈呈するのにもうってつけである。話の宝石箱といった趣で、投げ売りまがいが横行する騒々しい出版界にあって、その存在はひときわ光っている。

中里恒子『歌枕』はいいぞ！

「日本古書通信」に長期連載した全国古本屋探訪記「昨日も今日も古本さんぽ」だが、二〇二三年いっぱいで閉じる（連載終了）ことにした。なるべく新しい店を紹介しようとがんばってきたが、古本屋業界も不況ぶりは深刻で閉じる店も多く、だんだん新規開拓が難しくなってきた。

仕事の区切りとして二〇二三年一二月号までの八年分を一冊にまとめることにした。版元は出版も手掛ける東京・西荻窪の古本屋「盛林堂書房」さんの出版部「書肆盛林堂」。ゲラが出るたび三校まで、目を通した。

感想はいろいろあるが、ひとつ気づいたのは、けっこうな頻度で講談社文芸文庫を買っていることだ。原稿にするための探訪で、なるべく本を買って話題としたい。だが、お店へ行って、必ず買えるというわけではない。こちらの趣味とその時々の探求書とうまく合致し、しかも手ごろな値段である必要がある（ちなみに取材費はいっさい出ない）。

お店の中で本棚を眺め、触手が伸びないときは、うんうんと心の中で唸り、脂汗が出ることだってある。そんな時、逃げ道というと変だが、講談社文芸文庫を買うケースが多いのだ。これも値段が半額以上だとあきらめるが、半額以下ならよし、とするのである。このレーベルは純文学の砦として中身は保証つき。持っていてうれしい文庫でもある。

定価の三分の一とか、難ありで均一台に一〇〇円で並んだりするとほくほくと拾いあげる。元の単行本で所持していても、このレーベルなら欲しくなる。これまで相当数集めたが、ある程度溜まった時に、数回に分けて古本屋へ売っている。蔵書を処分するときはたいていお金に換えたい時で、じつは平均して高価で買い取りしてもらえるのが講談社文芸文庫なのである。品切れも多く、古本で買った値より買い取り価格が高くなる場合だってある。

二〇二三年末、毎年恒例の本の雑誌増刊『おすすめ文庫王国2024』（本の雑誌社）が出て、私も荻原魚雷《おぎわらぎょらい》さんと「中公文庫おすすめ30冊対談」という企画で参加した。その見本誌が届いたのだが、記事内で注目したのが、かるめらさんの「六年と一ヶ月で講談社文芸文庫を全部集めた話」。「かるめらさん」なる筆者がどういう方か、よく知らないままに面白く読んだ。

そもそも講談社文芸文庫とはどういうものか。

「講談社が一九八八年に立ち上げた純文学専門の文庫レーベルで、『戦後派』や『第三の新人』『内向の世代』と呼ばれる作家を中心に、小説や随筆、文芸批評、詩歌、戯曲など近現代の日本文学や海外文学を千三百冊以上刊行しています」

ここにつけくわえれば、装幀デザインを菊地信義《のぶよし》が担当し、巻末の解説、人と文学、年譜、書誌などが充実していた。かるめらさんは、これを全て集めると一念発起。最初は新刊で、「既に半分以上が絶版」という難関は、地道に古本屋をめぐるなどしてついに「全部集めた」という。岩波文庫のコンプリートというのは前例があるものの、講談社文芸文庫についてはこれが初耳。すごいことをやったなあ、と賞賛したくなる。

さて、そういうわけで、私もこのレーベルのファン。しかも、講談社文芸文庫を買ったことで、その作品を読むきっかけとなったという話をここでしたい。形から読書に入る、ということもあるのだ。具体的に書名を挙げれば、中里恒子『歌枕』である。元本の版元は新潮社で昭和四八年一一月に出ている……なんてことも巻末の「著書目録」でわかる。これがじつに便利。同作は新装版が中央公論新社から出され、その際つけられた「あとがき」が講談社文芸文庫に再録、と用意周到である。

私は、某日、行きつけの古本屋の店頭均一でこれを一〇〇円で見つけて買った。目立った外傷なし。こういう場合は、線引きなど本文に難ありと見たほうがよくてチェックしたら、一〇ページ分ほど、折れ皺のダメージがあった。しかし読む分にはまったく差支えなし。

講談社文芸文庫には中編「歌枕」のほか、短編の「きりぎりす」「此の世」「残月」が併せて入っていた。とにかく、いつもそうするように、駅前の静かな純喫茶でコーヒーを飲みながら「歌枕」の冒頭を読み始め、たちまち物語世界に引き込まれてしまった。

その前に、少しだけ著者について、補助線を引いておこう。「歌枕」は五編の短編連作により、昭和四七年から五〇年にかけて各文芸誌に書き継がれた。中里恒子がすでに六〇代に入っての仕事だ。もう少し若く、想像していたのだ。作品は水気たっぷりで艶やかなため誤解していたが、作家としての活動歴は意外に古い。

同文庫年譜によれば一九〇九年(明治四二)一二月、神奈川県藤沢市の生まれ。作家としての出発は早く、一九二九年一九歳の年にいくつか雑誌に小説を発表している。戦前からの作家ということを押えておきたい。またこの年に結婚、主婦業を続けながら創作が途絶えることはなかった。さらに詳しい集英社版日本文学全集『宇野千代・中里恒子』年譜によれば、夫の兄がフランス遊学中にフランス人女性と結婚し、中里は外国人の義姉を持つ。

のち娘が大学卒業後にアメリカへ留学、かの地で結婚するため、外国人を周囲に係累として持つことが作品に影響し、中里文学の特色ともなるのだが、ここでは触れない。文学的には横光利一に師事し、そこから川端康成とも知遇を得る。川端のいくつかの少女小説が中里の代作であることはよく知られている。

たゆまず創作活動は続き、一九三九(昭和一四)年二月、「乗合馬車」その他で第八回芥川賞を受賞。女性初の受賞者であった、というあたりまで頭に置いておきたい。じつは、中里の作品について私は詳しくなく、既読は一九七七年に発表された長編『時雨の記』(文藝春秋)だけ。中里の著作でもっとも読まれたのはこれだろう。

というのも、同作を原作として澤井信一郎により映画化された(一九八八年)。主演は渡哲也と吉永小百合、ということもあり映画はヒット。原作もよく読まれたのである。また、こちらも映画化された『マディソン郡の橋』(文藝春秋)が話題になった時(一九九三年邦訳刊)、中年男女の短期間の恋愛という共通性から『時雨の記』が引き合いに出されたりしたのだった。

作品そのものについて書いておこう。本作は一九七二年から七五年にかけて(著者六三〜六六歳)、『文藝』ほか文芸誌で断続的に発表された連作短編五作の集成による。新潮社から一度、表題作までの三編が『歌枕』として七三年一一月に刊行され、そのあとも七四年に「花筐《はながたみ》」、七五年に「もの言はぬ花」と書き継がれた。

のちに書き足した二編を加え、八一年に中央公論社から『歌枕』を「新装版」として出し直している。その「あとがき」に、書き終えてからも「意図した語りとは別に、筆をとめてみると、まだ終っていない、これから先があるのだという気がする」と著者は記す。それだけ、このテーマに執着があったと思われる。同著により、中里恒子は一九七四年に第二五回読売文学賞を受賞している。同時受賞が安岡章太郎『走れトマホーク』。

最近でこそ特に話題となることは少ないが、一九四九年設立の同賞は、かつて権威のある文学賞のひとつであった。たとえば安部公房『砂の女』、上林暁『白い屋形船』、庄野潤三『夕べの雲』、河野多恵子『不意の声』、耕治人《こうはると》『一條の光』、小沼丹『懐中時計』、吉田健一『瓦礫の中』ほかが最初の十年強で受賞している。実質を備えた威厳ある文学賞だとわかるはず。

外堀を深く掘りすぎて言い忘れたが、『歌枕』はやや古風な変則の男女の物語である。男女は鳥羽とやす。三〇の年の差があり、婚姻関係にはないがひとつ屋根の下に暮し七年が過ぎた。確たる年齢は示されないが、鳥羽を六〇過ぎ、やすを三〇ぐらいとみて私は読んだ。

最初に登場するのは鳥羽。その冒頭が意表をついている。

「だいぶ水をくぐったらしい冴えた藍の、くたくたになった薩摩飛白に、みじんの筒袖の半纏を着て、ねずみ色によごれたズックの運動靴を履いて、肩から麻の頭陀袋をかけた男……眼深にかむった鳥打ち帽の下からみえる半面は、皺の深い、老人の相だが、がしがしした歩きつきである」

薩摩飛白《さつまがすり》に半纏まではそれほどでもないが、よごれたズック靴に頭陀袋《ずだ》ぶくろという組み合わせがなんとも異様である。しかもそれが東京の古美術展示場とあればなおさらだ。読者に軽い衝撃を与えることは、著者の計算済みだろう。異形の者・鳥羽はいったいどういう人物なのか。それが徐々に薄紙をはがすように明らかになる。

会場で偶然出会った曾我は鳥羽と旧知の仲で久しぶりの対面。「つまらんところに、くすぶってますわ」と言う鳥羽は、五匹の犬を飼っていて、その餌を求めて「時折、支店をまわって、店の残りものを貰ってくる」のだと明かす。さらに曾我とは戦後まもなくから骨董漁りをしていた好敵手だとわかる。読者の想像を追い越して、先に先にカードを切る手口が鮮やかだ。支店をいくつか持つ飲食店の大旦那かとあたりをつけるがこれも裏切られる。

さらに、このあとすぐ曾我の会社を訪問した際、鳥羽が京都の店の経営に失敗し、妻にすべてを取り上げられたあげく放逐されたと語るのだ（禁治産者だとのちに判明）。子どもはなく、残されたのは、やすという女と犬五匹。鳥羽の店は「東京でも一流の場所の、名うての老舗の割烹店」だった。ここまで文庫で約六ページ。

「隠れ蓑」と題された連作短編第一作は急流のような始まりから、一転、静かな川の流れに浮かぶ小舟のような趣となる。鳥羽の代に祖父の隠居所として建てられた二階建て家屋に、鳥羽とやすは暮らす。場所は藤沢市藤ヶ谷（現・鵠沼《くげぬま》藤ヶ谷）。江の島にもほど近い、江ノ電「柳小路」と「鵠沼」両駅にまたがる古くからの住宅地である。

店を実質的に切り盛りしていたのは鳥羽の妻で、骨董に入れあげ家産を傾けた鳥羽は店の使用人だったやすとこの地に逃れてきた。あるのは、衣食住や犬の世話だけに心を傾ける日々である。やすは一度嫁ぐがすぐ単身となり、失意の鳥羽と「一緒にいたい」と思い従ってきた。二人の間に性愛の関係はあるがそれは省かれる。通例なら「主人と妾」と呼ばれる間柄であるものの、そんなスキャンダラスな印象とはほど遠い。世間や他人と交渉することなく、ただ互いを補助し合いながら生きている。私はその「静かさ」に惹かれ、本音を言えば、自分の老年のあるべき理想郷のようにも思えたのである。六〇半ばを過ぎてからの読書でよかった。若い時期だけで読書の習慣を捨てるのはあまりにもったいない話である。

私が『歌枕』に思いのほか入れあげたのは、年の離れた男女の愛、という設定以上に、ここに完成された言葉の表現があるからだった。たとえば何気ないこんな場面。映画でいえば、小津安二郎のローアングル。

床の間の花は枯れている。障子の裾に、小さな破れが出来て、風にひらひらしていた。どういう風に相手をいたわるか、ということが、もうふたりの間にはみじんもなくなってしまった、そうなのだ……やすは、枯れた花を捨てて、がらがらと雨戸を閉めた。——

私はここに、女性の目使いや心映えを強く感じる。中里は昭和初期から作家活動を開始し、横光利一、川端康成に師事した。いわゆる新感覚派の時代をくぐり抜けた。しかし、それら新奇な表現運動に振り回されることなく、確かな文章の道を歩んできたように思える。

『歌枕』で達成された言語空間は、手入れの行き届いた日本家屋のように読者の心に慰安をもたらす。私には、大店の旦那から没落した鳥羽が、王朝和歌時代に配流した帝あるいは貴種（たとえば頼朝）のように思えるのだ。そういえば「鳥羽」は、〝承久の変〟の政争に敗れ、隠岐の島に流された後鳥羽院の名を連想させる。友人の「曾我」とともに、田中や中村といったよくある姓が選ばれなかったことは重要だ。中里でもっとも読まれた『時雨の記』の男は「壬生」、『水鏡』は「山科」だ。

いつまでも続くかと思われた男女の生活は、鳥羽の急死によりあっさりと幕を閉じる。まだ物語は半分あたり。この命のはかなさも「貴種」らしい。鳥羽と住んだ家を出て、一人で生きるやすだが、つねに鳥羽との想い出とともに生きる。これが後半の「花筐」と「もの言わぬ花」。一度、単行本としてまとめながら、筆を捨てずに付け加えた作品だ。

独り立ちしたやすが、雨上がりの墓地で、鳥羽の墓石に線香を手向けるのが最後の場面。『時雨の記』もそうだったが、中里は雨という自然現象を作品に持ち込む名手でもあった。

無着成恭編『山びこ学校』

今年一月一六日付「朝日新聞」朝刊一面のコラム「折々のことば」（鷲田清一）に、拙著『人生の腕前』が取り上げられた。抜き出された言葉は「何事も、苦難の解決法は自分の中に潜んでいる」で、木山捷平について書いた文章からだった。なにしろ一面の目立つ場所の囲みコラムで購読率も高い。複数の編集者から採用されたことのご注進や祝辞（？）が届いた。「朝日新聞」は、編集業界でまだまだ影響力があります。これで火がつき増刷……を期待したいが、難しいだろうな。

この件に関しては、思いがけず中学時代の恩師からも電話をもらった。中三の担任で国語を教えてくれていたU先生で、私がのち国語教師になるについて影響のあった人だった。電話口で興奮し、記事を読んで「おかざきくん、すごいなあ。知り合いにもみんなこのこと言いふらしてるんや、このおかざきという人は私の教え子です、って」とおっしゃってくれた。「ありがとうございます」と恐縮しながら返答し、一段落したところで「ちょうどよかった、先生に聞きたいことがあったんです」と告げた。

それはU先生担任時代、クラスに途中から女子の転校生があり、先生が「○○さんは、みんな知ってるかなあ、あの『山びこ学校』の中学校から転校してきました」と紹介した。そのことが妙に記憶に残っていたが、真偽が定かでない。私の記憶がどこかで混線したのかもしれない。そのことを、先生に確かめたかったが「うーん、そんなことあったかな。いや、悪いなあ、覚えてません」とのこと。するとやはり私の記憶違いか。しかし、中学生の私が『山びこ学校』について、なぜ知っていたのか。

とにかく、そのことで『山びこ学校』って何だったのか、ぼんやりとした知識をこの際、固めておこうと動き出した。まず、本を入手。現在、岩波文庫に収録されている。私の記憶では角川文庫に入っていた。しかしこれはずいぶん前に品切れとなった。次に映画。『山びこ学校』は今井正監督、木村功主演で映画化、一九五二年に公開された。検索するとユーチューブで全編を視聴可能で、ざっと概要をつかむためにこれをさっそく見る。

無料だから仕方ないが、プリントの状態は悪く、セリフがところどころ聞き取れない。おまけに約六分ごとに広告映像が入る。厳しい視聴条件となったが、あとで原作を読むと、かなり忠実な映像化がなされていたと分かる。木村功が無着先生を好演（坊主刈りにして）。ほか、岡田英次、滝沢修、杉葉子、北林谷栄《きたばやしたにえ》などが助演と手堅いキャストだ。

教師不信の子どもたちに若い教師が作文教育で目を開かせる。

「山びこ学校」は、一九四八年に奥深い山村の山形県村山郡山元村の中学校に、師範学校を出たての若い教師・無着成恭《むちゃくせいきょう》が赴任したことから始まる。前年に新教育制度が発足したものの、戦後の荒廃が後を引き、校舎や教科書などの整備は遅れていた。「山の民主主義」というタイトルで『山びこ学校』を論じた関川夏央『砂のように眠る』(新潮文庫)によれば、当時「ぼくを小学校に落第させてください」という中学生がいたという。小学校には給食があるからだった。

山形からさらにバスで一時間の山元村は寒村で、収入の中心は葉煙草ぐらい。家族全員で働きづめでも生きるのにぎりぎりであった。一家の働き手として、学校へはろくに通えぬ子どももいた。教師も投げやりになり、山元小学校六年間で、一一人もの教師が変わった。つまり長居はしたくない学校と土地、ということだ。子どもたちも教師とはそんなものだと思っていた。何か命じられても「勝手だべ」と答えるのが常で、この言葉が生徒間で蔓延していた。

そこへ現れたのが無着先生だった。一年はひとクラスで四三名。どうせこの先生も(すぐにいなくなる)と思ったら、以後六年間、この中学にとどまり、生きた社会化教育として「綴方《つづりかた》」(詩と作文)を取り入れた。これを集めたガリ刷りの文集「きかんしゃ」が『山びこ学校』というタイトルで出版、評判を呼びベストセラーとなっていく。

「綴方教育」は無着の発明ではない。綴方を書かせることで、生活と向かわせ考えさせる。そんな教化法《きょうげ》が、大正期、鈴木三重吉の『赤い鳥』を中心に流行し、一九二九年には『綴方生活』という雑誌まで創刊され全国に広まる。こちらも映画化された、東京下町の小学生・豊田正子『綴方教室』もその成果の一つ（こちらも岩波文庫に収録）。

それまで漫然と書かせてきた綴方に、若い教師が方向性を与えた。

「目的のない綴方指導から、現実の生活について討議し、考え、行動までも押し進めるための綴方指導へと移っていったのです。生活を勉強するための、ほんものの社会科をするための綴方を書くようになったのです」（『山びこ学校』あとがき）

映画でも描かれているが、無着は生徒にああしろ、こうしろと命じない。農村生活のいかなる問題についても、どうすればいいかを子どもたちで考えさせ、討議し、自分たちで解決法を導き出させる。

『山びこ学校』について語る時、必ずといっていいほど取り上げられる江口江一《こういち》「母の死とその後」は「綴方」運動が生んだ美しい成果で、映画でも生かされていたが感動的だ。本の中でも、石井敏雄の詩「雪」（雪がコンコン降る。／人間は／その下で暮しているのです。）の次、文章では巻頭に据えられている。

江一は貧しい葉煙草農家で、六歳の時に父親を失い、働き頭となった母親も九年後（一九四九年）死んでしまう。父の死の際に残った借金は、母の死に至ってさらに増えていた。弟と妹は親戚の家に引き取られ、江一は祖母と二人暮らしになり働き手の中心となり、学校へ行けなくなっていた。どうすれば学校へ来られるようになるか。そのことを計画的に考えさせたのが「母の死とその後」だった。本作は文部大臣賞を受賞。

「僕の家は貧乏で、山元村の中でもいちばんぐらい貧乏です。そして明日はお母さんの三十五日ですから、いろいろお母さんのことや家のことなど考えられてきてなりません」

そう書き出された文章は、感傷に濡れず、恨みもひがみもせず、驚くほど冷静に自分と、自分の家を経済を見つめている。江一はなおもこう書いた。

「ほんとうに心の底から笑ったことのない人、心の底から笑うことを知らなかった人、それは僕のお母さんです」

そんな母親が死ぬ間際に笑った。

今一度、現在では「作文」と言い表す「綴方」という用語についてもう少し。

「綴方」がいつ「作文」に改まったか、その点について調査する気はない。ただ、一九五〇年代に大阪で作文のうまい兄妹がいて、コンクールに入賞するなどして作品は単行本となり、映画化もされた。それが野上丹治・洋子・房雄『つづり方兄妹』である。写真は理論社の再刊で一九七三年五刷版。長くなると『山びこ学校』から遠ざかるので、早く切り上げるが、私は三兄妹の長男・丹治さんに会っている。

某紙に数年間、大阪についての記事を依頼されて年に一度書いた時期があり、そのうちの一つが『つづり方兄妹』だった。映画を見て、その風景から信州の山奥かと思ったら、私が生まれ育った枚方市の話であった。そんな驚きを熱っぽく書いたところ、新聞社を通じて、丹治さんから連絡をもらった。お礼を兼ねて、ぜひ一度お会いしたいということになり、東京の指定されたホテルでお目にかかったのだ。もう二〇年近く前の話か。

この作文の上手い兄妹を指導したのが、当時香里《こうり》小学校の教員だった松原春海先生で、のち親しくなる漫画家の故・うらたじゅんさんが、松原先生の教え子だったなどと、芋づる式に機縁がつながっていったのである。

しかし、それはまた別の話。「綴方」に戻れば、落語家の四代目柳亭痴楽《りゅうていちらく》（一九二一～九三）の当たりネタに「痴楽綴方狂室」があった。「破壊された顔の所有者」が高座に上がるとすぐ口にするフレーズで、七五調によるリズミカルな新作（詩に近い）が人気となるのが一九六〇年代か。『つづり方兄妹』が一九七〇年代まで流通していたことを思えば、教育現場ではすでに「作文」を使っていたが、一般の中に「綴方」という用語が生きていた気がする。現在の一〇代、二〇代には通用しないだろう。

『山びこ学校』を代表するような作品、江口江一の「母の死とその後」は、七〇年以上を経て読んでも感動的だ。父、母と順に亡くなり、貧しい一家の働き頭となる江一は学校へ行けなくなる。そのことを作文に書いた。それは江口家の実情と、江一の仕事の計画表だった。これを読んだ無着成恭先生は、学級の代表格である男子四人、藤三郎、惣重、俊一、勉に見せた。「作者紹介」によれば、佐藤藤三郎は「一九三五年十月二十六日生。生れる頃、いちばん大きい姉を和歌山まで働きに出し、肺病で亡くさねばならなかった家に生れた。ひたいにしわをよせてじりじりと相手を説き伏せねば止まない眼は、しっかり見開いている」。このクラスで、山元中学校を卒業する時、代表として答辞を読んだのも藤三郎だ。

無着は子どもたちに、江一の作文を読ませて、こうしろああしろと命じることはない。あくまで仲間である子どもたちに考えさせるのだ。以下、江一の作文から。

「藤三郎さんはだまって見ていました。見終って顔を上げたとき、先生が、『なんとかならんのか。』といいました。藤三郎さんはちょっと考えるようにしてだまっていたが、『できる。おらだの組はできる。江一もみんなと同じ学校に来ていて仕事がおくれないようになんかなんぼでもできる。なあ、みんな。』と俊一さんたちの方を見ました。みんなうなずきました。僕はうれしくってなみだが落ちるようになったのでしたが、やっとがまんしました」

（注・原文は数カ所、方言をかっこ付きの標準語で併記しているが、意味は十分伝わるので省いた）

これは映画でも正確になぞられたシーンで感動的だ。無着の筆であろう「作者紹介」を読めば、山元村の子どもたちは多少の差はあっても、みな食うのにぎりぎりの貧困生活を経験していた。江一の問題を、全身から浴びるように理解できた。そして助けたのだ。

クラスの仲間が土曜日にみな江一の家に集まり、「バイタ（枝）はこび」「葉煙草のし」を手分けして手伝った。それは「一人では何日かかっても終りそうになかった」仕事量であった。雪にそなえ「雪がこい」作りもしてくれた。級友たちの協力で江一は学校へ通えるようになるのだ。

江一は続けてこう書く。

「明日はお母さんの三十五日です。お母さんにこのことを報告します。そして、お母さんのように貧乏のために苦しんで生きていかなければならないのはなぜか、お母さんのように働いてもなぜゼニがたまらなかったのか、しんけんに勉強することを約束したいと思っています」

言っておくが、これは一〇代初めの少年による文章だ。生活記録として始められた「綴方（作文）」教育だったが、貧しさの中で、真摯に生きる姿勢を少年の眼が見つけ出している。戦後混乱期における教育実践の輝かしい成果であった。

ところが、「無着成恭と教え子たちの四十年」という副題を持つ、佐野眞一のノンフィクション『遠い「山びこ」』（新潮文庫）を読むと、その後は苦い結末が待つ。『山びこ学校』が書籍化され、映画ともなり、一躍有名になると歪みが生じる。無着がスターとなり、子どもたちの作文が多くの眼にさらされる。そんな中で、父親から怒鳴られたという生徒が出てくる。貧乏が世間に知れ渡り「孫末代までの恥さらしだ」と言うのだ。まあ、気持ちはわかる。ただ、無着に批判の矛先が向けられ様々な軋轢を生み孤立していく。そしてついに、村から追放されてしまうのだった。

『遠い「山びこ」』は学校を出た教え子たちのその後を取材している。「できる。おらだの組はできる」とリーダーシップを取った藤三郎は村に残ったが、マスコミの取材者が次々と訪れ、対応に追われた。「日々生活していかなければならない」のに「外来者たちはそんな生活には一切関心を示さず、ただただ『山びこ学校』時代の思い出話を根掘り葉掘り聞くことのみに神経をかたむけた」。マスコミ側にいる私が、当時、取材を命ぜられたら、やはり同じ轍を踏んだろう。残念ながら、そういうものなのだ。

『パーフェクトデイズ』の平山は本を読む男

ヴィム・ヴェンダース久々の監督長編作品『パーフェクトデイズ』(二〇二三)を見て深い感銘を受けた。ここにそのことを書くのは、主人公の平山(役所広司)が「本を読む人」だからである。

何人かの知人から、「岡崎さん、ぜったい見た方がいいですよ。古本屋が出てきますよ」と言われていたのだ。じつは、映画館で映画を見る習慣が失われていて、劇場へ足を運ぶのがひどくおっくうになっていた。一月に吉祥寺「アップリンク」でアキ・カウリスマキの新作『枯れ葉』(二〇二三)を見て、こちらも非常にいい作品だったため、「おっくう」の足かせが取れた。

同じ吉祥寺の「オデヲン」で長期上映されていることを知り、二月中旬、心も軽く出かけていった。完全予約制となっていて、どうせ昼飯を食べて古本屋を数軒めぐるつもりだったので、一時間半ほど早くでかけて窓口でチケットを買う。シニアだから、普通二〇〇〇円のところを一二〇〇円で見られる。年取ることはありがたいことだ。座席表から予約席を取れるのだが、もう七

～八割方が埋まっていた。人気のある作品だと分かる。

そうしていよいよ、スクリーンに向かい約二時間の映画を楽しんだ。いい映画を見た後の余韻がしばらく続いた。前の月に見た『枯れ葉』とともに、五つ星で評価するなら星五つだ。まだの方は、見た方がよいですよ。

人気作品だと分かるのは、帰りにチラシをもらおうと思ったら、『パーフェクトデイズ』だけ、まったく見当たらなかったからだ。仕方ない。見終わって喫茶店ですぐに取ったメモと、ネット検索で知った情報をまぜあわせて書く。

ヴェンダースが登場したのは一九七〇年代だが、文化的カリスマとなったのは八〇年代か。『パリ、テキサス』が高い評価を受け、『東京画』、『ベルリン・天使の詩』で頂点を迎える。九〇年に『ブエナ・ビスタ・ソシアル・クラブ』を撮った後も作品を発表しているが、私の意識には三〇年近い空白があった。どうしちゃったんだろう、ヴェンダースはと思っていた。じつは『枯れ葉』のカウリスマキも二〇一七年に一度、引退宣言をしている。二〇二三年は巨匠復活の年となった。

『東京画』は小津安二郎へのオマージュであり、日本に滞在し、一九八〇年代半ばの東京が外国人の眼を通して描かれていた。『パーフェクトデイズ』はより徹底し、使われるのはすべて日本の俳優だし、あからさまな「外国人の眼を通して」という視点は排除され、日本の映画になっている。前情報なしに見れば日本の監督と思うはず。

主人公は役所広司演じる平山（小津映画にたびたび使われる役名）という独身、一人住まいの初老で、都の公共トイレ清掃の仕事をしている。本作の特異は、そのトイレ掃除という仕事をマニュアルのごとく、一部始終を繰り返し撮影していることだ。そのトイレも、すべて個性的な建物で美しい外観を持つ。これは渋谷区のプロジェクトによるものらしく、安藤忠雄、伊東豊雄、隈研吾など名だたる建築家が手掛けた。用便しなくても、わざわざ訪ねたくなる素敵なトイレなのだ。

目覚まし時計をセットせず、早朝、近くの神社で道を清掃する音と朝日で目覚める平山は、布団を畳み、歯を磨き、支度をして家を出る。このルーティンがくり返し映る。玄関を出る際、空を見上げ、空模様にかかわりなく微笑む。目の前の自販機で缶コーヒーを買い、これが朝飯。バンに乗り込み、首都高を走り、その日のシフトであるトイレを回る。仕事ぶりは丁寧で、相棒となる清掃員（柄本時生）は「どうせ、すぐ汚れちゃうんだから」と適当にこなすところを、道具まで自作して隅々まで入念に仕上げるのが平山の流儀だ。

昼はいつも決まって近くの神社のベンチに腰掛け、サンドイッチと牛乳で昼飯を済ます。フィルムカメラを携帯し、木漏れ日をモノクロで撮影する。木の根元から生えた芽を丁寧に掘り起こし、陶器で栽培している。あと、車の中では六〇〜七〇年代のロックやポップスをカセットテープで聴いている。

仕事を終えると家に戻り、自転車で銭湯に行き素早く体を洗い、その足で浅草へ。地下道に昔からある焼きそばが名物の居酒屋「福ちゃん」で、チューハイを一杯か二杯だけ飲む。どうも夕食はこれだけらしく、極端な小食である。独身者が食べそうな、立ち食いそば、牛丼、ラーメンも出てこない（腹が減って、家でカップラーメンを食べるシーンあり）。

とにかく平山は「しない」ことで生活のスタイルを作っているようだ。新聞を取らず、家でテレビも見ない。仕事用に携帯電話は持つが人と会話はしない。映画も見ないし、釣りやスポーツも関心がない。市井の隠者に近いような暮らしだ。唯一積極的にするのが「読書」なのだ。就寝前の少しの時間、布団に腹ばいとなり必ず本を読む。

本棚は一つのようだが、文庫本がびっしり詰まっている。映画に登場するのは、フォークナー『野生の棕櫚《しゅろ》』（新潮文庫）、パトリシア・ハイスミス『11の物語』（ハヤカワ・ミステリ文庫）、幸田文『木』（新潮文庫）で、映画を見た人はみな読みたくなるらしく、アマゾンなどではすでに高騰していると聞いた。読書の趣味もじつにいい。ふつうなら、藤沢周平など時代小説を読みそうなところだが、おそらく学生時代に文学に耽溺《たんでき》した体験を持つのだと推察される。『野生の棕櫚』は、新潮文庫が一時期、リバイバル復刊した際の特別カバーがつけられていて、現在は入手困難。

平山は浅草の古本屋（「地球堂」でロケ）で、いつも一冊ずつ買い、女性店主が語りかける。「幸田文はもっと評価されなければいけない」なんて言う。このシーンも印象的だ。

この就寝前、儀式のように行われる読書の時間がいい。一日の重労働を終え、ようやく得たパーソナルな至福の時。たしかに、この「本を読む」静かなエネルギーは人に伝染して、主人公が手にする本がほしくなる。こんなに本をよく読む映画の主人公を見るのは、緒方明監督、田中裕子主演『いつか読書する日』（二〇〇五）以来かもしれない。電車の中や、喫茶店などで読書する姿が消滅しつつある今だからこそ、平山のような存在がいとおしく思えてくる。

そんな平山にも、ささやかだがいいことがある。平山はあとでそれを思い出し笑いしたりする。口にする言葉は少ないが、心の中にはいっぱい言葉を持っている気がするのだ。

川本三郎『映画の木洩れ日』

じつは、前回書いたヴェンダースの映画『パーフェクトデイズ』の感動をまだ引きずっている。あわてて、禁じ手としているアマゾンに『ＳＷＩＴＣＨ』という雑誌の特集号を注文するまでの熱の入れようだ。

同じ映画にハマった六〇代三人組で、映画のロケ地をめぐる散歩もした。しかし、それはまた別の話。あの映画で、トイレ清掃員の平山が、仕事の合間に趣味でフィルム写真を撮る場面がある。モノクロで、空を見上げて木漏れ日を撮影するのだ。この木漏れ日が、一人暮らしで自足する初老の男の「幸福」を象徴しているように見える。エンドロールで「木漏れ日」について、画面に文章が映し出されることでもわかるだろう。

活字人間としては、いい映画を見た後は、映画の本を読みたくなる。学生の頃から映画が好きで、映画の本もずいぶん集めたが、ある時、ほとんどすべてを売り払ってしまった。それでも手を切ったわけではなく、あれやこれや買うようになって、現在はまた、かなりの量になっているはずだ。

今回、読み直したのが安西水丸『シネマ・ストリート』と、川本三郎『映画の木洩れ日』で、どちらもキネマ旬報社刊。ここでは後者を取り上げる。「木洩れ日」というキーワードは『パーフェクトデイズ』と結びつく。「書名の『映画の木洩れ日』は、映画の本の書名としては大人しいと思うが、老いの人間には合っていると思う。年を取ると派手なものは不得手になってゆく」(「あとがき」)に書くが、この点でも平山と相通じる。

「老いの人間」と書かれていてギョッとするが、川本は一九四四年生まれで今年八〇歳。私が若き日より、もっとも敬愛する書き手として、いつも若々しい憧れの先輩として兄貴分のように思っていたが、「八〇歳」と突きつけられると神妙な面持ちとなる。現役の作家を追い続けていると、書き手が年を取るとともに読み手もまた年齢を積み重ねる。そのことを嘆いているわけではなく、空を見上げて「木洩れ日」を見る心境だと思えば、悪くない。

『映画の木洩れ日』は、老舗の映画雑誌『キネマ旬報』に長期連載中の「映画を見ればわかること」を中心に、映画についての文章を集めて単行本化した六冊目にあたる。本書は二〇一七年から二二年までの連載を収録。和洋の新作映画をいち早く取り上げるとともに、作品に共通するテーマやディテールを、過去の作品からも掘り起こす。映画のみならず、文学作品や音楽、歴史、鉄道、ファッションなども対象となるため、とにかく大変な知識量だ。

川本はアナログ人間を自称し、パソコンを使わずいまだに手書き原稿で、スマホも携帯しない。現在ならネット検索で簡単にわかるようなことも、すべて経験と知識から導き出す。つまり、すべてが身についた情報なのだ。だから細かな指摘にも血が通っている。

全ページがそうだから、これはどこでもいいのだが、たとえばジョン・マッデン監督『オペレーション・ミンスミート――ナチを欺いた死体――』についての文章。第二次世界大戦中にイギリスの諜報部が仕掛けた謀略作戦を事実に基づき描く。冒頭に引かれるのが丸谷才一の句。

「買って来いスパイ小説風邪薬」

ユーモラスな句で、まず「スパイ小説」を印象づける。イギリス諜報部員は実在の人物で、なかにイアン・フレミングがいる。「007」シリーズのあの作家だ。そして「イギリスのスパイ小説の書き手には実際に諜報部員だった者が多い」として、サマセット・モーム、ジョン・バカン、グレアム・グリーン、イアン・フレミング、ジョン・ル・カレの名を挙げる。繰り返しになるが、ネットでなら「もと諜報部員だった作家」と検索すれば簡単に得られる知識でも、著者は自分の脳内の引き出しから探し出すのだ。

続けて「バカンといえば」と文章を引き継ぎ、映画の中で諜報部員が子どもに読んで聞かせるのがバカンの『三十九階段』であり、ヒッチコックが映画化し、リメイク版があるとも付け加えている。いったい、どんな頭の中身なのか。「ええと、あのう、ほらナントカという映画に出てきた、ヨッパライで髭を生やした小柄の役者って誰だっけ？」なんて、しょっちゅう軽度な記憶喪失を繰り返す私とは大違い。

しかし、ここに登場する主に二〇一七年から二二年公開の新作映画を、私はほとんど見ていない。一〇年ほど前までは飯田橋「ギンレイホール」という二番館で、半年とか一年遅れぐらいにはなるが、ずっと新作をチェックしていた。閉館でその習慣を失って、BS、CSのテレビ放送での視聴に頼るようになってしまった。旧作は別にして、ここで扱われた時代の作品で私が見たのは『ダンケルク』『異端の鳥』『グリーンブック』『ノマドランド』『ドライブ・マイ・カー』『すばらしき世界』『ペンタゴン・ペーパーズ／最高機密文書』『マイ・ブックショップ』ぐらいか。けっこう見てるじゃないですか、と言われそうだが、いやいや五〇〇ページ近い本書で取り上げられたうちの、ほんの少しだと読めば納得するはず。

それにしても川本の文章はいい。先輩の映画評論家・佐藤忠男について川本は「佐藤さんの文章は平明で分かりやすい。すぐれた文章とは、誰もが使っている普通の言葉で、誰もが言わなかったことを言うことだが、佐藤忠男さんの文章は、そのお手本だった。／映画をスクリーンのなかだけにとじこめて窮屈に語るのではなく、時代や社会との関わりで語ってゆく」という評言が、そのまま川本に当てはまることに引き写していて驚いた。

それに心が優しく温かい。主人公や脇役が背負った運命の厳しさに同情し、ときに涙する。小さなセリフ、小さな仕草も見逃さず、映画の大きなテーマと同等に扱う。弱き者、差別された者、虐げられた者、社会的マイノリティーに注ぐ視線に、川本の映画評論の核があるようだ。

未見の作品は、川本の紹介で無性に見たくなることもしばしば。「アメリカ映画にも、こんな静かで穏やかな作品があったか」と書き出される、ジム・ジャームッシュ監督の二〇一六年公開作『パターソン』は、紹介文だけで激しく心を動かされた。好きな映画監督なのに、なぜ見逃したのだろう。あわてて公開中の映画館を探したが見つからず。出合える日を楽しみに待つこととしよう（のち、新宿「武蔵野館」で視聴）。

水丸を探せ

あんなに、普通によく見かけた本（作家）なのに、ある時気づいたら一斉に古本屋の棚から消えていた。古本屋めぐりを年中していると、ときどきそういうことが起こる。何か大きな理由があったわけではない（と思う）。ところが、本当に地を掃ったように、消滅してしまうのである。

ここ数カ月のことで言えば、安西水丸がそうだった。ゼロ、ということではない。現在、普通に書店で流通している書目もあり、それは丹念に探せば見つかるだろう。ただ、習性のように古本屋に通う私の「眼」を信用していただきたいが、本当に「ない」のだ。そして、「ない」となると欲しくなる。読みたくなる。

いつでも手に入る。いつでも読める。そんな保険がかかった品ではなく、欠品に渇望する。ないとわかると無性に読みたくなる。

誰でも、そういう気持ち、あるでしょう？

念のため、いくつかのネット情報を検索してみたら、やっぱりそこそこの高値がついているようだ。懇意にする古本屋の店主にもリサーチしてみたが、「安西水丸さんは人気で、入るとすぐ売れますね」とのことだった。この店にも三冊はあるはずだと言うので、チェックしてみたら二冊しかなく、二〇〇〇円と三〇〇〇円で売られていた。いずれも定価より高い。私は気づくのが遅かった。今から集めるとなると大変だ。

たとえば、村上春樹とのコンビによる著作でいえば、段ボールのトンネル函の『夜のくもざる』、『象工場のハッピーエンド』、『ランゲルハンス島の午後』、『日出る国の工場』などはブックオフなどでもひと頃よく見かけたが、今となっては稀少本と化している。文庫版さえ見当たらないありさま。たくさん売れたはずなのだが。大勢いる春樹ファンが、そこで安西水丸の魅力を知った、ということもあるだろう。

まず簡単な履歴を。安西水丸は本名渡辺昇、一九四二年東京生まれながら、病弱の母と幼少期を南房総の海辺の町・千倉《ちくら》で送った。千倉の話は、エッセイやマンガにもよく出てきます。日大芸術学部を卒業し、電通、平凡社などを経て独立。ニューヨークのデザイン事務所に二年間、勤めたこともある。本職はイラストレーターだが、その職域は幅広く、マンガ、エッセイ、小説、絵本など著書多数。先述のように『中国行きのスロウ・ボート』を始め、村上春樹とのコンビによる仕事も有名。広告やポスターも多く手掛ける。当代売れっ子の一人だった。二〇一四年三月一九日に七一歳で急逝。だから今年は没後一〇年となる。

気まぐれに夜中、本棚を徘徊していて、安西の『青インクの東京地図』（講談社文庫）を取り出し、あまりに面白くて再読ながら一気に読み切った。挿入されたイラストも含め、やっぱりはいいなあ、と再燃したのが、今回の「水丸を探せ」のきっかけだった。

すぐさま、目につく水丸本をわが蔵書から集めてきたが、写真図版に挙げたほか数冊にすぎない。いや、こんなものではないはず。二〇冊以上はあるはずなのだ。とくに没後刊行された『イラストレーター　安西水丸』（クレヴィス）の発掘がうれしかった。「持ってるはずだがなあ、どこへ行ってしまったんだろう」と数日、あちこち探索したら、リビングの大型本を並べた本棚から発見した。本棚の前には、また本が積まれて隠れてしまったのだった。

安西水丸の代表的な仕事をイラスト中心に、各ジャンル網羅したうれしい本で、この一冊が安西水丸について考えるベース基地となる。

東京の町エッセイ集『青インクの東京地図』は赤坂、巣鴨、浅草、銀座、上野など東京の中心から、戸越銀座、府中、町屋、八王子と周辺の町へも足を伸ばして街歩きをしている。少年の日のこと、友人との想い出、女の人との淡い交情などが町の記憶とともに綴られ、これは独自のスタイルと言っていいだろう。

文章もいいなあ。どこを引いてもいいが、たとえば新橋・烏森を扱った「木芽おこしの雨」。著者が大学一年、叔母が四谷荒木町で三味線を教えていて、そこへ通う宇木田直江という女性が登場する。父親を早くに亡くし、女ばかりの家に育った安西水丸は、女性に対する観応が鋭く素早く感受する。まあ、要するに色っぽい男性で、よくモテたとも聞く。

東京オリンピックを挟み、その直江という女性の記憶と、町の変貌が色セロファンを重ねるように叙述されていく。古本屋の記述が頻出するのもうれしい。歴史的背景もきっちり押さえてあるのも意外だ。旧田村町（現・新橋）の町名由来について、田村右京太夫の上屋敷があった場所と説明され、ここは「忠臣蔵」の浅野内匠頭が切腹した場所でもあったと教えるのだ。安西水丸がかなりヘビィな歴史好きであることは、『ちいさな城下町』（文春文庫）でもわかる。

そして私が強く惹かれるのはこんな個所。「木芽おこしの雨」の最後のところ。

「空の気まぐれにふりまわされた一日だった。気温があがったのか、それほど寒さは感じなかった。駅前広場にある蒸気機関車動輪三つのＣ11―292号が雨に濡れている。黒い車体に、ゆれうごくネオンの灯がうつっている。／この雨は木芽おこしの雨だと思った。それはちょっと淋しげな新橋の夜に似あっていた」

何もかもを書きこまず、ペン先で素早く写し取ったような抒情的風景は、安西水丸の絵によく似ている。あんなへなへなした線で、よくあれだけ見事に風景を描けるものだと私はいつも感心する。和田誠の絵は、丁寧にやれば模写できるが、安西水丸は無理だ。平凡社時代の同僚であり、渡辺昇に安西水丸の名でマンガを描かせたのが嵐山光三郎。あのへなへなの線について、雪舟はうますぎて真似られないが、水丸は下手すぎて真似られないから水丸雪舟と嵐山は名付けた。

私は三月半ばに急きょ、安西水丸が絵を描く少年として過ごした千倉へ出かけてきた。白く続く砂浜の向こうに、白く打ち寄せる波と水平線があった。安西水丸の水平線だと思った。すっと一本線を引くだけで、千倉の海が現れる。私は持参したスケッチブックに、砂浜と波と水平線を描いてみたが、単に下手。まるでダメだ。あたりまえだが、安西水丸が達した線の境地にはほど遠い

『安西水丸の二本立て映画館』(朝日文庫)は、探索の日々に吉祥寺「よみた屋」の文庫棚で、前篇・後篇の二冊本のうち「前篇」だけを発見。「後篇」に値段が書かれていたはずなのだ。店主の澄田さんに声をかけ、一緒に探してもらったが、やはりない。「おかしいですねえ」と。私が「前篇だけでもほしいんです」と言うと三〇〇円で売ってくれた。

月を待つ

野村胡堂『銭形平次捕物控』は、原作よりむしろ長谷川一夫の映画、大川橋蔵のドラマによって広く知られているかもしれない。特に後者は、一九六六年から八四年まで二十年近く放送が続き、これはギネス記録らしい。私なども平次と言えば橋蔵だ（肩のラインに色気あり）。

原作は一九三一年に「オール讀物號」（のち「オール讀物」）に「金色《こんじき》の処女《おとめ》」が掲載されたのを皮切りに、全三八三話が書き継がれた。いかに読者の熱い人気を獲得していたかが分かる。

ドラマに慣れると、なんだか平次は毎回のように犯人捕縛のため銭を投げているような気がするが、原作ではめったに投げない。まあ当たり前で、事件が起きるたび最後に犯人が逃亡するわけではない。あくまで謎解きを主眼とするのが原作である。平次が投げている銭はどうやら四文銭らしい。この貨幣価値を現在でいくらか、という比較は難しいが、落語の世界で「そば」が一六文で、これを四〇〇円と考え、だいたい四文銭は一〇〇円ぐらい。四枚投げたらそばが一杯食べられる。やっぱり、犯人を捕縛したあと、手下の八五郎が道に散らばった銭を拾って歩くのだろうな。

「おい八《はち》、拾った銭はお前のものだぜ」

「へい！　がってんだ。しめしめ……」

私は銭形平次の熱心な読者ではない。何の気なしに手を出して一冊か二冊読んだ程度。「捕物控」である以上、犯罪が起きて平次が捜査し解決するという流れだが、同じ重さで江戸の風俗を描くことも念頭にあるはずだ。読者の楽しみもその両方にかかっている。

そのうちの一編「月待ち」の初出は「オール讀物」(一九五一年八月号)。例によって神田明神下にある平次宅を八五郎(ガラッ八)が「親分、てえ変だてえ変だ!」と飛び込んでくるところから開巻する。平次の手足となる子分の八五郎が、江戸市中の噂や事件を耳にして報告に来るのだ。

この日は八五郎が「つくづく世の中がいやになった」などという。どういうことか。金貸し殺害事件で捕らえられたのが被害者の娘だったのだ。しかし、話を聞いて平次は別の犯人を考えていた。そこで捜査が始まるのだが、その前段階での八五郎と平次のやりとり。


「ところで、親分は、昨夜の月待ちを何處でやりました」

「俺は寢待ちさ。信心氣がないやうだが、此間からの御用疲れで、宵から一と眠りしてしまつたよ」

「湯島臺から明神樣の境内、ことに芝浦高輪あたりは、大變な人出だつたさうですよ」

七月二十六日の曉方近くなつて出る月を、寢ずに待つて拜むと、三尊の來迎が拜まれるといふ俗説があり、江戸の海邊や高臺は涼みがてらの人の山で、有徳《うとく》の町人や風流人は、雜俳や腰折を應酬したり、中には僧を招じて經を讀ませる者もあり、反對に幇間《たいこ》藝子を呼んで、呑んで騷いで、三尊來迎を拜まうなどといふ、不心得な信心者もあつたわけです。


私は事件の解決をよそに、ここでいたく感心してしまった。秋の十五夜に「月見」をする習慣はかろうじて現代にも残るが、もっと季節を広げて月の出を待つ習慣が江戸時代にあった。なんとも風流なものだ。

「月待ち」は俳句の季語では「秋」に属する。山本健吉『鑑賞俳句歳時記　秋』（文藝春秋）に「ある僧の月も待たずに帰りけり」（子規）の句が挙げられている。旧暦八月十七日（太陽暦では九月半ば）に、上野元光院の観月堂で「月待ち」の宴があった。この時「立待月」でやや月の出が遅れ、それを待てずに僧が帰ってしまったというのだ。

「月待ち」は月齢の月を見るため、みなで集まり、お供えをして酒宴を開いた。これは日本国中、あちこちで行われた習慣で、各地に「月待ち塔」が残るという。江戸の名所は、たとえば平次が住む神田明神エリアの「男坂」はとくに眺めがよく、毎年一と七の月に観月が行われた。平次が観月をしたかどうか、全編に当たらないと分からない。

ここで一つ大事なことは、平次が生きた文化・文政期の江戸の闇は深かったということである。藤原千恵子編『図説　浮世絵に見る江戸の一日』（河出書房新社）によれば、「江戸の闇には魑魅魍魎が棲んでいる。江戸の夜の闇は深い、目抜き通りといわれる日本橋通りでさえ（中略）人の顔も弁別できない」ほど暗かった。スモッグや排気ガスもなく、空気は澄んで、月の光は現代より明るかっただろうと思われる。宇宙飛行士が足跡をつける前、月はありがたく信仰の対象ともなった。

私は二十代の前半の数年を、京都市左京区の銀閣寺参道にある京民家の離れに下宿していた。昼は観光客でにぎわう参道も夜更けるとひっそりとして、街灯の光だけが夜道を照らしていた。東山の上にぽっかり浮かぶ月は、その大きさと天候によって、周囲を照らす明るさがまるで違った。哲学の道を夜に歩いて下宿へ帰るとき、それが満月だったりすると、月の光はこんなに明るいものかと驚いた記憶がある。私も「月を待つ」、一人の若者だったのだ。

島村利正「焦土」に見る熱き師弟関係

島村利正はずっと企業に勤め、社長にまで就任する社会人の生涯と作家としての生活を両立させた人物。地味な作家だが、未知谷より二〇〇一年に全四巻の立派な全集も出ている。現代の作家では堀江敏幸が島村の愛読者で、たとえば『いつか王子駅で』という長編小説にはたびたびその名が登場する。

代表作がかつて中公文庫に収録され、手軽に読めた。私などもここから島村利正を読み始めた。『妙高の秋』の奥付を見たら一九八二年の刊で六編の短編を収録。ここで話題にしたいのは「焦土」という作品だ。太平洋戦争末期、空襲が激しくなった時期を背景とする私小説。島村は志賀直哉の門下であり、志賀の名前も同門の先輩作家である瀧井耕作も実名で描かれている。この時、島村は狛江、瀧井は八王子、志賀は新町（現・世田谷区桜新町）に住んでいた。いずれも東京西側の当時は郊外。食料事情がひっ迫する中、瀧井は自転車の荷台に米を積んで、師である志賀の家に運んだと書かれている。そのことに驚いた。

それぞれの住所ではなく、八王子駅から現在の桜新町駅までの距離で大雑把に推測するなら三〇キロ以上の道のりである。しかも現在のように舗装された道路は少ない。重い米を荷台に乗せて、健脚であっても三時間以上要しただろうと思う。

当時は東京の郊外であった世田谷の新町にも空襲の危険が及び、案じた「私」（島村利正）は、自分の故郷である伊那市高遠《たかとお》に志賀一家を疎開させるよう手配をする。「焦土」はその顛末を扱った事実に基づく小説である。

「六月三日。敗戦二ヵ月前のこと」、疎開決行の前日、志賀は八王子の瀧井宅へ一泊する。島村は疎開の移動に同行するため、同じく八王子へ。「翌早朝五時、八王子始発の列車に乗るため」だった。「新宿発の列車に乗るためには、何時間も前からならばなければならなかった」。志賀はこの年、六二歳。「背広に小ぶりなリュックサック、きちんと巻いた絹の洋傘を持っていた。そして、将校用の革の腰カバンと水筒を肩からかけていた」といういで立ち。

「焦土」では、このあと伊那市駅までの移動と車中の様子がくわしく記される。昭和二〇年の中央本線の雰囲気が伝わってくる点や国領、分倍河原、平山（現・平山城址公園）と京王線の駅名も登場するなど、「鉄道文学」でもある。

志賀直哉には瀧井耕作を筆頭に、尾崎一雄、網野菊、藤枝静男、島村利正、直井潔、阿川弘之などが弟子を自認し、志賀を神のごとく崇めた。近現代文学史には、夏目漱石や正岡子規に始まり、佐藤春夫や井伏鱒二、丹羽文雄など強い師弟関係を結ぶ作家がいた。

現在の日本文学界に、同様の師弟関係を作る作家がいるだろうかと考えたが、ちょっと思い当たらなかった。

荷風『濹東綺譚』は「蚊」だらけ

データとして示すことはできないが、都会から蚊の数は減っているのではないだろうか。駅のホームで電車を待っていたり、居酒屋でビールを飲んだり、また家のなかで野球のナイターを観たりする時、よく「ぷーん」と音が近づいてきて、油断するとチクリと刺される経験がかつてはたくさんあった。気のせいか、それがほとんどなくなったようだ。蚊よけの線香や電子マットを使った記憶もずっと途絶えている。

夏の風物詩。蚊が出る時期になるとテレビで蚊取り線香や殺虫剤のＣＭがひんぱんに流れていた。「金鳥の夏、日本の夏」（美空ひばり）、「ハエハエカカカ、キンチョール」（郷ひろみ）、「夏は金鳥マットです」（掛布雅之）と、いくつも流行語になるような印象的なフレーズが思い浮かぶ。いや、懐かしんでいるのではない。蚊なんて、いなければいない方がいい。これは「蚊」に話をもっていくための枕だが、長くなってしまった。

私が触れたいのは永井荷風『濹東綺譚《ぼくとうきたん》』で、七〜八年ごとぐらいに読み返したくなる。失われた私娼窟の街「玉の井」（現・墨田区東向島）の路地の入り組んだラビリンスへ、さまよい入りたいと思うのだ。昭和一二年に東京（大阪）朝日新聞に連載され、同年岩波書店から刊行された。木村荘八の挿絵が素晴らしく、半分くらいはこの絵を見たくて読み返すのだ。

しかし、ここで踏み込んだ作品論がしたいわけではない。有名な作品なので紹介もいいでしょう。最近、読み返して印象に残ったのが作中に何度も現れる「蚊」の話であった。

小説家の大江匡《ただす》がある年、ひんぱんに玉の井を訪れる。最寄りの東武線の現「東向島」駅はかつて「玉の井」駅と呼ばれた（小説には前年廃止されたという京成電気軌道白鬚《しらひげ》線「京成玉ノ井駅」の記述も）。駅から東、狭い路地が入り組んだ一帯（これは今でもそう）に私娼窟がある。雨の日、傘の中に飛び込んできた娼婦がお雪だった。梅雨明け時から秋の彼岸までの短い交情が、情緒あふれる名文でつづられる。何度読んでもこの点で飽きないのだ。元は田んぼだった郊外の町に、大正の震災で浅草などから盛り場が移り、新開地として発展したのが「玉の井」である。

「一体この盛場では、組合の規則で女が窓に坐る午後四時から蓄音機やラディオを禁じ、また三味線をも弾かせないという事で。雨のしとしとと降る晩など、ふけるにつれて、ちょいとちょいとの声も途絶えがちになると、家の内外に群り鳴く蚊の声が耳立って、いかにも場末の裏町らしい侘しさが感じられて来る」

「群り鳴く蚊の声」という表現がすごい。少し後には「溝の蚊の唸る声」ともある。蚊の発生源は「水」にあり、水たまりや溝を流れる水はかっこうの養殖場だった。お雪のいる家は溝際にあり、まともに蚊の標的となる。だから部屋には蚊帳が吊っていて、木村荘八の挿絵では蚊帳の中にいるお雪が、そっと蚊帳の裾をまくって這い出ようとする姿と外でそれを待つ大江の場面が描かれている。光と影のコントラスト、垂れ下がり波を打つ蚊帳の描写がみごとだ。

さらに蚊の攻撃について「いつもお雪が店口で焚く蚊遣香《かやりこう》も、今夜は一度もともされなかったと見え、家中にわめく蚊の群は顔を刺すのみならず、口の中へも飛込もうとする（後略）」などと書かれている。「『今年はどこもひどい蚊ですよ。暑さも格別ですがね。』と言うと／『そうですか。ここはもともと埋地で、碌に地揚をしないいんだから』」とは娼家の主人との会話。このあとも蚊に悩まされる記述は繰り返されるのだ。

こうした蚊の乱舞が止む秋口に大江が玉の井通いを止めるという設定も面白い。蚊の音や攻勢が情事のアクセントになっていたのではないか、とさえ思われる。

そこで思い出されるのが落語家・古今亭志ん生の貧乏話。業平橋の借家での「なめくじ」は有名だが、蚊の話も出てくる。引っ越したその晩、浅草の「金車亭《きんしゃてい》」で仕事をして帰ってくる。

「金車亭」の名前は小津安二郎『東京物語』にも出てきます。名著『びんぼう自慢』（立風書房、のちちくま文庫）にはこう書かれている。

「おどろきましたね。あたしんとこ一軒だけが灯が点ってるから、蚊の野郎が、そこんとこにだけ集まって、運動会をやってやがる。

「おう、いま、けえったよ……」

っていおうと思ったら、途端に蚊が二、三十も口の中へとび込んで来やがって、モノがいえやしない。かかァなんぞ、破れ蚊帳の中で、腰巻一つになって、ベタンとすわってやがる」。

体験談がそのまま落語になっているのが面白い。業平橋は今でこそ「スカイツリー」のそびえ建つ観光名所だが、江戸時代初期には一面の農地で湿地帯であった。明暦三年（一六五七）の振袖火事を契機に埋め立てられ宅地化したようだ。それでも『濹東綺譚』で娼家の主人が言うように「碌に地揚をしない」、土砂だけを投入した土地なら、なめくじや蚊の温床となったのだろう。

蚊づくしの話を書いていたら、なんだか耳元で「ぷーん」と音がしてきたような……。

面倒な男だな、久保田万太郎

「湯豆腐やいのちのはてのうすあかり」

久保田万太郎（一八八九〜一九六三）の代表句であり、五七五の日本語組み合わせによる最高の達成の一つ。詩情と凄味と哀れが共存する。戯曲「大寺学校《おおでら》」も、小説「末枯《うらがれ》」も書かなくて、文学座創設のメンバーにならなくても、この句のみで日本文学史に名が刻まれるだろう。文化勲章受章、芸術院会員と文壇的地位も頂点を極めたと言っていい。

この句の要はなんといっても「湯豆腐」で、ほかの四文字の食べ物を置き換えてみればよくわかる。とんかつ、焼き鳥、ラーメン、はんぺんなど、とたんに句の求心力が失せる。「とんかつやソースかけすぎ秋の暮れ」とか……。冬の寒い夜、湯豆腐と対しながらついついこの句を頭に思い浮かべる人は大勢いると思う。

この句はいかにしてできたか。大村彦次郎『万太郎　松太郎　正太郎　東京生まれの文人たち』（筑摩書房）にくわしくその舞台裏と生涯が描かれている。順に久保田万太郎、川口松太郎、池波正太郎はいずれも大衆文学と演劇に大きく寄与した文人だが、東京下町の生まれという共通点があった。ここは万太郎一人に絞って紹介する。

同著の「久保田万太郎」の章によれば、簡単な略歴では現れない複雑な相貌を持つ男であった。「万太郎はこの世に七十年余生き、世間的には功成り名遂げ、最後は文化勲章の栄誉まで受けたが、その私生活についていえば、およそ幸せというものからは程遠い日常を送った」と著者は書く。具体的には生家の没落、最初の妻が自殺、ひとり息子の早世などの不幸が続き、「女性問題でも散々に手を焼き、軋轢《あつれき》も生じた」という。

しかし、昭和の作家には多かれ少なかれ同様の「不幸」を背負い、それを乗り越えることで創作活動の円熟を見た。万太郎がほかと違ったのは、両親を中心とした血縁や別れた愛人に対して徹底した冷酷、不人情を貫き通したことだ。一例を挙げると「両親の臨終にも葬送にも馳けつけられる距離にいながら、いずれも姿を見せず、立ち会わなかった」。家業を継いだ弟が零落し、兄・万太郎の家を訪ねた時も門前払いを食らわせた。結核で闘病し三六歳で亡くなった実子に対しても「入院先へは一度も見舞いに行か」ず、療養費も友人たちが援助したのに父親たる万太郎は無視をした。

いささか不気味にも思えるほどの「冷酷、不人情」だ。小説や戯曲では「下町の義理や人情が情緒纏綿と描かれた」にも関わらず……である。そのほか、派手な浮気や酒席での乱れなど行状の悪さが次々と暴露されている。戸板康二、安藤鶴夫、川口松太郎ほか多くの弟子に囲まれる一方で、佐藤春夫始め、彼をよしとしない人も多かったのである。

「万太郎は肌合いの違う連中からは蔭で、〈久保万〉と言われた。愛称というより、どこか蔑称に近い悪意が含まれていた」

そんな複雑で不人情な人間から、人の心の奥深く分け入った戯曲や小説、俳句が生み出されるのが「文学」の不思議である。乱れた女性関係を重ねながら、おそらく万太郎が生涯にこの一人と愛した女性が愛人の三隅一子だった。脳卒中で倒れ、手術が施されるも八日後に逝った。その間、万太郎は「病院の隣室に泊まって、安眠することなく」付き添ったというのだ。実の息子には見舞いにも行かなかったのとは正反対の態度だった。

通夜の席で泣き崩れ、一〇日後に開かれた句会で作った一句がこれだった。

「湯豆腐やいのちのはてのうすあかり」

悲しみの底からしぼりだした絶唱、と言っていいだろう。肉体は消え、同時代を生きた人々の記憶も途絶えて、文人には作品だけが残る。生前の不行跡や人から買った恨みも消えて、作品は許されて人の心を慰める。

上林暁「花の精」とはこんな話

わりあいすぐに行けるから、いつでも行けるという安心感から、かえって足が遠のいていた。そんなケースがよくあります。私にとっては是政駅（西武多摩川線）がそうだった。私が最寄り駅とする中央線「国立」駅から「武蔵境」駅で乗り換え、終点の「是政《これまさ》」駅。ここは昭和一五年に書かれた上林暁のエッセイ風小説「花の精」の舞台となった地である。二〇一九年のセンター試験「国語」に、この一部が出題され、我々、地味な小説好きの間ではちょっと話題になった。「まさか」という感じであったが、この小説が高校国語の教科書に採択されたことがあると後で知る。しかし授業でやるとなるとなかなか難物である。

初出は昭和一五年の『知性』。単行本『野』に収録。私がテキストとしたのは現代教養文庫の『武蔵野』（昭和三七年・社会思想社）で、大竹新助の写真（モノクロ）が多数使われている。私はすでに持っていたのに、古本市でカバーなしを一〇〇円で見つけ喜んで買った。カバー付きなら五〇〇円以下で買えることはないだろう。自分で絵画展のちらしをカバーとして巻き、タイトルを書き、思う存分ラインを引きながら読むことにした。

「武蔵野をたずねて」という序文に続き、二番目に登場するのが「花の精」で、いまや上林暁と言えばこの人、と鉄板の関係にある山本善行によれば、初出とは少し中身が違うようである。今回は、『武蔵野』のテキストを元に現地を訪ねたのでこれをテキストとする。

簡単に中身を紹介しておこう。まず書き出し。

「その月見草の太い株が、植木屋の若い職人が腰に挟んでいた剪定鋏で扭じ切られているのを見たとき、私は胸がドキドキして、口がきけなかった。私は自分の全身から血の引くのがよくわかった」

大切に庭で育て、その名のごとく月が出るころに花が咲くのを楽しみにしてきたのだった。それを庭木職人が誤って切ってしまったのだ（花が咲いていないので草と間違えた）。「私」のショックは大きく、子どもにも、同居する妹にもそのことを訴えるのだった。「朝晩庭に降りるのが楽しみであったのに、今はもう庭下駄をつっかける気にもならず、心にもからだにも張りを失ったようであった」というから、相当なものである。

そんなことがあってから「十日と経たぬうち」の六月の中旬、釣り好きの友人「O君」が家に訪ねてきた時、ふたたび月見草のことを語ると、「是政へ行けば、月見草なんか川原にいっぱい咲いている」と言う。さっそく多摩川で釣りをするO君と是政へ向かうことになった。そして昭和一五年当時の西武多摩川線に乗って是政へ。川原には月見草の群落があり、「私」はひと束抜いて家に持ち帰る。庭に植えると、それはぶじに咲いた。そういう話である。

仕掛人・藤枝梅安《ばいあん》は小林桂樹で

急に池波正太郎「仕掛人・藤枝梅安」シリーズにハマって、文庫版を読み続けている。池波にはほかに「鬼平犯科帳」、「剣客商売」という強力な人気シリーズがあり、いずれもドラマ化、それが再放送も延々と繰り返され長寿を誇る。池波自身は六七歳で死去し長寿とは言えない。没年を確かめて驚いたくらいだ。なにしろ私がいま六七歳だから（二〇二四年）。

私はこれまでそんなに池波の小説、ドラマのファンというわけではなかった。むしろ映画や食、江戸についてのエッセイを好んでいた。それがある時、CSの時代劇専門チャンネルで小林桂樹主演で「梅安」のドラマが放送されたのを見て、すっかり感心してしまった。もとは一九八二〜三年に放送。

「梅安」はその後、渡辺謙、岸谷五朗でドラマ化されている。映画では萬屋錦之介、緒形拳、そして今度は豊川悦司主演で映画化された（二〇二三年）。池波作品はどれもそうだが、息が長いコンテンツであることに改めて驚く。豊川悦司版もテレビ放映され、一通り視聴した。結論として、「梅安」が一番似合うのは、やっぱり小林桂樹だなあ。これは「梅安」ファンの知り合いと同じ意見で意気投合した。ちなみに原作に描かれた「梅安」の風貌はこうだ。

「六尺に近い大きな躰の藤枝梅安の、こうした動作は実にゆったりとしたものであって、団栗《どんぐり》のような小さい両眼は大きく張り出した額の下にくぼんでい、開いているのか閉じているのかさえもよくわからぬ」（「おんなごろし」）小林桂樹が原作に一番近いことはこれでも分かる。

「え、仕掛人」なら藤田まことじゃないの？と思われる人もあろうが、あの長期シリーズは池波版のアイデアのみ継承されたもので、原作とはかかわりない（はずである）。依頼主から「仕掛け」を頼まれ「世の中に生かしておいては、世のため人のためにならぬ者を殺す」。表の顔は別にあり、裏稼業のことは決して人に知られてはならない。その骨子が、藤田まこと「仕掛人」（「仕置人」など変化）版に受け継がれたのである。

私が池波のシリーズの中で、とくに「梅安」に食いついたのは、小林桂樹の好演もあるし、何よりそのアウトローぶりにあった。「鬼平」は組織の長でたくさんの手下を引き連れている。

「剣客」はリタイアした初老の剣客で娘のような年齢の女性とむつまじく暮らす。おおむね円満な人生だ。「梅安」は鍼医者という看板を出す市井の独身者であり、近所の老婆（おせき）が毎日のように身の回りの世話をやく。おもんという料亭の女中を愛人にしているが、料理だって自分で作る。

相棒で親友の彦次郎（ドラマでは田村高廣）は、表の稼業は腕のいい楊枝職人で、たびたび梅安とともに行動し、仕掛けがなくても行き来して酒を酌み交わす仲である。ここへまっすぐな気持ちの若き剣士・小杉十五郎（柴俊夫）が加わり、毎回の主要メンバーとなる。この男たちの互いを思いやる、その思いの深さが殺伐とした殺しのシーンと対照的である。池波作品では、もっとも「ハードボイルド」色の強いシリーズと言われている。

永井龍男「いてふの町」は銭湯文学の傑作

二〇二二年一〇月に壊れた給湯システムは、年内になんとか新しい給湯器をと思っていたが、どうやら入荷はずっと先になり、下手をすると二月とか三月になると言われた。うーん、と思わず人生の途上で立ち止まってしまう。どこまで続くぬかるみぞ（その後、一二月二三日に無事工事完了）。

というわけで、風呂難民として銭湯巡りが続いている。昨年一二月、高円寺で「オカタケ散歩」の忘年会があった。参加者は私を含め一二名。その前に西部古書会館の即売会で何か古本を買って、会場で披露するという趣向あり。私は早めに即売会で古本を買って、宴会まで高円寺の銭湯「小杉湯」に入ってきた。

「小杉湯」は一度廃業しそうになったのを、若い女性が引き継ぎリニューアル、いまや銭湯の「聖地」の一つであり、本が出るまでになった。この間、ずいぶんあちこちの銭湯に入ったが、入浴客の多さに驚いた。しかも若者が多い。空き待ちの「シルキー風呂」に浸かりながら、そういえばと思い出した。永井龍男の短編に銭湯が出てくるのがあったぞと。

講談社文芸文庫の短編集『一個　秋その他』の目次を見て(「一個」も「蜜柑」も「青梅雨」も収録され名作揃い)、「いてふの町」がそれだと分かった。「別冊文藝春秋」昭和四〇年一二月号に発表。「いてふ」は「銀杏《いちょう》」。東京の小石川から本郷台へかけての銀杏並木についてまず触れられ「いちょうを、旧仮名遣いでは、い、て、ふ、と書くが、散り初めの葉は、ちょうどそのような姿で風に舞うことがある」と書かれている。みごとな観察だ。

これは午後三時の開店を待って、「松の湯」という銭湯を楽しみにする老人たちの話だ。小石川から本郷台にかけて銀杏並木がある。それが色づく季節、戦災を免れた古い町並みが残る一画がある。

「四囲をかこんだ、病院や学校の高層建築を、岸壁に碇泊《ていはく》した大きな船だとすれば、つまりこの一郭の家とは、もう広い海には稼ぎに出られない旧式な小汽艇と、それに曳かれるはしけが舫《もや》っているようなものであった」

と説明される。説明の前半「四囲をかこんだ、病院や学校の高層建築」とは東大病院を持つ東京大学敷地を指すと思って間違いないだろう。

事実、主体の「A老人」は最後に東大構内に足を踏み入れる。

となると「松の湯」は、本郷四丁目から六丁目辺りにあると想定されたのではないか。実在するモデルが存在するかどうかは不明だが、私は何となく本郷四丁目にあった明治創業の「菊水湯」をイメージした。唐破風の大屋根、その下の懸魚《げぎょ》飾りを頂いた宮造りの木造建築は、惜しまれながら二〇一五年九月に閉業。本郷に残る唯一の銭湯がこれで消えた。ひょっとして菊坂に住む樋口一葉が頭痛、肩こりを抱えて湯に体を沈めたのではと妄想してしまう。

三々五々、開店をめがけて集まってきた老人たちの生態や会話が「いてふの町」の前半にある。ほとんど毎日、通う老人もいる。「一日休むと、その日一日気色《きしょく》が悪い質ですからね。お湯銭には代えられませんよ」と言うのは仕出し屋のご隠居。「湯銭」は当時二八円のはず。「十円玉三つ握って」という記述あり。常連客同士、世間話で言葉を交わし、何となく互いの素性や生活を知っている。いつも顔を見せる人が来ないと心配になる。

そこで浮かび上がるのは老人問題だ。家にいると「お風呂へ行ってらっしゃい」と嫁や娘に「体よく追い出された老人達」である。開店より三〇分も前に来るのにはそういう背景もある。昼湯には老人以外に、酒場勤めや水商売、夜働きに出る男たちもいるが、彼らは「サッと来てサッと帰って行く」が、老人たちは長湯で、なかには「二時間近くかかって上がってくるお婆さんもある」。そこにも「みんなそれぞれ、余り早く家へ帰ってはならぬことを知っているのだ」と家庭の事情があることを著者は見逃していない。

A老人はそんな一人だが、「僕もしばらく、府庁関係の仕事を監督したことがあるがね」と話すところから、官庁勤めをした元役人だと知れる。しかもそれを鼻にかけている向きもあり、嫌な奴だ。しかし成功者のように見えるが、事情は他の老人と同じで「昼頃息子夫婦の家を出ると、天気次第でたいてい夕方まで町を歩いている。孫達は大きくなって、彼を相手にしないし、ほんとうのところ、人に好かれる老人ではなかった」。著者は、この「人に好かれる老人ではない男の孤独を冷たく描く。さすが「青梅雨」の作者だ。

黄色く色づき、やがて枯れて道に落ちていく「いてふ（銀杏）」は、人生の終りに近づいたA老人の寂寥と重なる。銭湯の早湯に通うと分かるが、まっさらな湯に浸かっているのはたいてい老人である。おそらく家にも風呂はあるのだろうが、オープンの三時近くになると、そわそわし始める姿が想像される。「銭湯」へ通う者は、通うだけのそれぞれの事情というものを抱えているのだ。

東京の銭湯の数は、一九六八年の二六四四軒をピークに減少、二〇二〇年には五〇〇軒を切った。最盛期、下町の銭湯は一日一〇〇〇〜二〇〇〇の客があったという。天然温泉銭湯が多数現存する大田区がうらやましい。

蹴鞠の名手、飛鳥井雅有という男

榎原雅治《えはらまさはる》『中世の東海道をゆく　京から鎌倉へ、旅路の風景』（中公新書）気になる人物が出てきたので紹介しておく。

同著は鎌倉時代の紀行文を元に、中世の東海道を使った旅について調査し書かれたものだ。江戸に入って五街道が整備されると、庶民も富士講や伊勢参りに代表される旅がさかんになる。しかし、鎌倉時代に長距離の旅をする者は限られていた。これは容易に想像がつく。ここでは一人の貴族が登場する。本書の書き出しは「弘安三年（一二八〇）十一月、ひとりの貴族が馬に乗り、わずかな随伴者とともに東海道を鎌倉へと向かっていた」。起点は京都である。この貴族が飛鳥井雅有《あすかいまさあり》。仁治二（一二四一）年の生まれ。細かな歴史的事項については端折る。ここで取り上げたいのは彼が「蹴鞠」の名手だった、という一点である。

すべては『中世の東海道をゆく』に頼って書くのだが、飛鳥井家の祖となる正経《まさつね》は、雅有の祖父にあたる。「和歌と蹴鞠」に長け、藤原定家らとともに『新古今和歌集』の選者となり、また鎌倉で源実朝の歌と蹴鞠の師匠となった。飛鳥井家は武力ではなく、代々、歌と蹴鞠によって厚遇されたというのである。

ここで気づいたのは、NHK大河ドラマである。二〇二二年の『鎌倉殿の13人』と、二〇二三年『どうする家康』は四〇〇年近く時代の隔たりを持ちながら、両者ともに「蹴鞠」のシーンがあったのだ。以下カッコ内は演じた俳優名。『鎌倉殿の13人』では、源頼朝の跡目を継ぎ、次代「鎌倉殿」となる頼家（金子大地）が臣下たちと蹴鞠に興じる。偉大な父・頼朝の威光が消えぬことへの反発とも見える。

この臣下の一人に蹴鞠の名手・北条時房（瀬戸康史）がいて、頼家のいい相手となる。時房は京へ上った時、蹴鞠によって後鳥羽上皇（尾上松也）に接近する。後鳥羽上皇もまた蹴鞠の名手として知られていた。

最近見た回の『どうする家康』でも、今川の人質となった少年時代の家康（のち松本潤）が今川の嫡男・氏真《うじざね》（のち溝端淳平）のシーンで蹴鞠をする。家康が氏真を兄とも慕うようになるきっかけとなるのだ。

だからどうなのだ、と言われると困るが、つまり日本史の中で、ずいぶん長く蹴鞠がすたれず伝承され続けたと知る。いや、「天理参考館」の「参考館セレクション」というサイトを中心に、ほか検索をかけてみると、大和朝廷時代にすでに宮中でこの遊びが行われていたという。日本の文化や文物の多くがそうであるように、蹴鞠も中国から伝わった。司馬遷『史記』にその記述があるとのこと。春秋戦国時代「斉《せい》」の首都「臨淄《りんし》」で蹴鞠が行われた。これは軍事訓練を兼ねた点で、フットボールの起源（中世イングランドで敵の首を切り落とし蹴りあうことで勝利を祝った）と通じる。ただの球技ではなかった。

日本での文献の初出は『日本書紀』。法興寺で蹴鞠会が行われたという。勝敗を競うものではなく、右足で鞠を高く蹴り上げ、地面に落とさないというのがルールと言えばルール。鞠は鹿革を縫い合わせ、膠《にかわ》でコーティングした。この貴族の遊びを鎌倉に伝えたのが、どうも先に挙げた飛鳥井雅有の父・雅経と難波宗長だった。やっと最初につながってまいりました。面白いと思うのは、ここで蹴鞠がまず遊戯を兼ねたスポーツであり、社交の道具であり、また士官や出世に役立つ技術だったということ。江戸時代には庶民の間でも流行した。

宮中の貴族たちと蹴鞠の関係で思い当たるのは、これが彼らにとって数少ない運動になっただろう、ということ。箸より重いものを持たず、忙しく立ち働くこともなく、まして長距離を歩くことも少なかったのではないか。筋肉は使われず、腕や足は棒のように細かったはず。蹴鞠は貴重な筋肉を使う運動であった。婦女子が手鞠をしながら歌ったように、彼らは蹴鞠をしながら歌を歌ったただろうか。

あとがき

本書で春陽堂書店さんから出してもらった本は四冊目となる。ありがたい話です。『ふくらむ読書』の成り立ちについては「前口上」に書いた通り。「ふくらむ」というより、はみ出しや脱線の話も多いが、それが楽しいとも言える。

一冊の本を足掛かりに、気づいたことや知ったことを報告しているわけだが、多くは、その道の専門家からすれば、基本中の基本のような知識で笑止かもしれない。六十半ばを超えて、今ごろ何を言っているのか、と。しかし、私にとってはささいな発見がいちいち新鮮で、すぐさま読者に届けたいという気持ちで書いた。朝採れの高原野菜を軽トラックに積み込んで、道の駅で販売するのに似ているかもしれない。

食事をするのは何より、腹が減った、おいしい、習慣などが主な理由だろう。私の場合は読書も同じ。習慣性が強くてしかも楽しい。一日のうちで、しばらく本から遠ざかると「腹が減った」のと同じ思いがする。

貧富や国家間、男女差など現代から格差が縮まることはあっても消えることはない。読書においても、ネット環境の急進的拡大により「格差」は広がっているようだ。つまり、本を読む人と読まない人の差が顕著だ。めちゃくちゃ読む人とまったく読まない人が境界線を引くように分断されてしまった。かつては、その中間層が出版界を手広く支えたが、いまやその支えを失ったようだ。

もっと、みんな本を読めよと、もう少し若い頃ならハッパをかけていたが、いまさらそんな気にもなれない。それぞれが、それぞれの好みと流儀で生きていくしかないだろう。私は死ぬまで本を読む。それだけのことだ。

本書に書いた雑多な文章の中から、一冊でも二冊でも関心を持ってくれて、読んでみようという気になってくれれば、望外の喜びである。

なお、春陽堂書店のウェブページに連載の「ふくらむ読書」は現在も継続中である。無料配信されているので、また立ち寄ってみてください。

とにかく空元気でもいいから、元気を出していきましょう。

ウェブ連載は塩田智也子さん、単行本にまとめるにあたっては永安浩美さんにお世話をかけた。装幀と本文レイアウトは、『明日咲く言葉の種をまこう　心を耕す名言100』に引き続き、クラフト・エヴィング商會さんの手をわずらわせた。感謝申し上げる。

岡崎武志

ふくらむ読書《どくしょ》

2024年5月25日　初版第1刷 発行

著　者　岡崎武志

発行者　伊藤良則

発行所　株式会社　春陽堂書店
〒104－0061
東京都中央区銀座3－10－9　KEC銀座ビル
電話　03－6264－0855（代）

印刷・製本　中央精版印刷株式会社

ISBN978-4-394-90484-7 C0095